U0050984

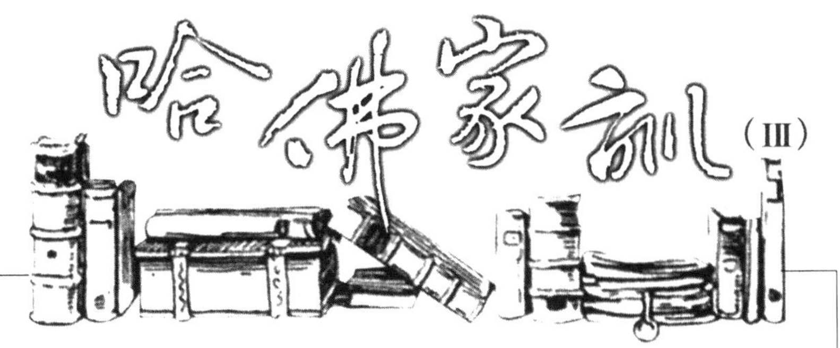

威廉·貝納德◎編著　張玉◎譯

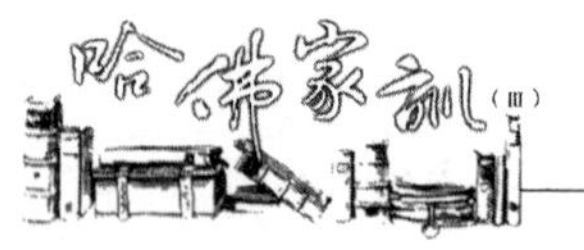
哈佛家訓(Ⅲ)

序言

來美國的這麼多年，讓我感受最深的事情，就是他們對家庭教育的重視。美國人願意陪孩子玩遊戲，願意爲孩子講故事，願意帶孩子做家務，願意和他們一起四處旅遊……在這些日常生活中，他們把自己美好的價值觀，把自己優良的個性慢慢滲透到孩子們的身上，使他們較早地具備了成熟獨立的個性，從小就有了比較豐富的閱歷和思想。

相對而言，我們中國的家長似乎更重視自己的生存和發展，在他們的人生設計中，很少考慮到孩子的未來——如果說眞的有所考慮的話，最多只是考慮如何給孩子積蓄更多的錢，或者爭取自己擁有更高的地位，以便使孩子將來能因此得到更多的福澤和方便。這種觀念導致的結果是，在孩子正需要心靈引導的時候，卻無法得到父母眞正的關懷。

更爲嚴重的是，我們做父母的常常不知道拿什麼來教育孩子，因爲我們自己也不能肯定，什麼才是教育他們的最好課本，什麼才是約束他們言行的最佳準則。所以，許多父母只好用自以爲正確的觀念來訓導子女，甚至還有的父母，根本就不能確定自己的想法是否正確，只是曾經受過這樣的教育，就習慣性地照搬使用。

這種狀況的確是令人憂慮的。孩子是一張光潔的白紙，是一泓未受污染的清泉，在他們人生開始的時候，我們一定要用最好的精神文化來薰陶他們，用最美的道德來塑造他們，用最純淨的事物來感動他們……孩子的身心有如春天的土地，如果錯過了播種的季節，秋天等來的就是荒蕪。最可怕的是，如果由於我們的粗心，不小心給他們播下了不良的種子，那麼我們等來的就將是一生的後悔。

最近幾年來，我在做其他研究的同時，收集了很多適合家庭教育的材料，其中有許多是經典短小的故事。這些故事有的來自格林童話、伊索寓言、紀伯倫散文等國外名著，有的來自英文報刊，有的來自各類中文資料。這些故事生動有趣，寓意深刻，這種「故事教育」不僅對孩子幼小的心靈有很好的感化作

用，而且對父母也具有啓發意義。

不少故事我都細心進行了篩選和整理，修正了那些不適合青少年的內容，然後給予評點。雖然所有的孩子都需要新穎健康的思想來餵養，然而我相信，很少有父母願意花費那麼多心血爲自己的孩子尋找這樣的精神食糧。所以，我經常把自己的經驗介紹給國內的親朋好友，並把我整理好的東西送給他們一起分享。

這就是我編選這本書的初衷和經歷。我希望它能夠抛磚引玉，使更多的父母願意爲孩子的成長做一些力所能及的事情，更希望這些故事能夠爲我們的孩子帶來生命的祝福，帶來陽光和水，帶來像彩虹一樣燦爛的未來。

威廉·貝納德

目錄

親情

照耀心靈的太陽

童真

純白無瑕的善意

目錄

習慣

決定成敗的細節

目錄

處世 和諧通達的藝術

明察

洞悉世事的真知

目錄

親情

照耀心靈的太陽

我打算用這個東西從海裡撈起一些珍珠，然後做成項鍊，等母親節到來的時候，送給我媽媽。

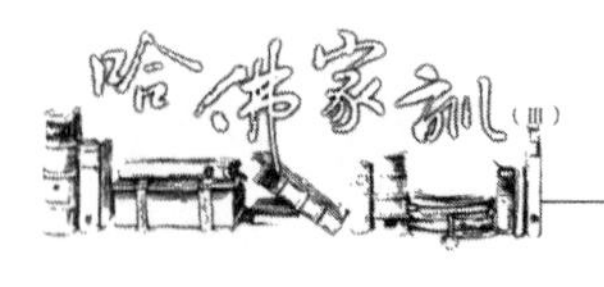

天使之愛

媽媽最後離開的那個晚上，她和爸爸整整坐了一夜，也說了一夜的話，但米妮只聽到一句：「你走吧，由我來向女兒解釋。」這句話是爸爸說的，所以米妮知道要走的是媽媽。

媽媽離去後的好長時間裏，米妮天天都在等待爸爸的解釋，但他似乎是把這事忘了。他只是一如既往地接送她上學回家，在家長手冊上認眞塡寫她課餘的情況——又學會了多少新字，聽了什麼故事，寫字畫畫的進展……這些在許多同學的家裏，都是由媽媽來做的事情，現在都由米妮的父親來做。

一個月後的一天晚上，爸爸來到米妮的床邊，合起米妮的故事書，又壓了壓她的被角，輕聲說：「你聽過很多天使的故事，天使飛到一個地方，發現那裏有人冷了，有人餓了，有人需要幫助了，她就會留下來工作。如果一切都很好的話，不當差的天使就會放心地飛走，繼續去找需要她幫助的人。世界上的爸爸媽媽都是天使，是專門飛來照顧孩子、陪孩子一起長大的。咱們家裏，爸爸一個人就能照顧好米妮，所以，媽媽才放心地把你留給我。媽媽去了一個很遠的地方，在那裏當天使，她去照顧另外一些更需要照顧的孩子……」

等米妮長大後，才知道媽媽並不是去當天使，爸爸當年是向她撒了一個謊。可是，就是這樣一個謊言，使米妮整個的少年時代都充滿驕傲和嚮往，使她本來會痛苦的人生，卻很美滿幸福。

這是米妮一生聽到的關於「離婚」最美的解釋。

偉大的父母應該是這樣的：哪怕自己在一片黑暗之中，也要讓孩子的心靈灑滿陽光。

人生有時候會很沉重，作為父母，我們應該盡量把這份重量放在自己的肩上。

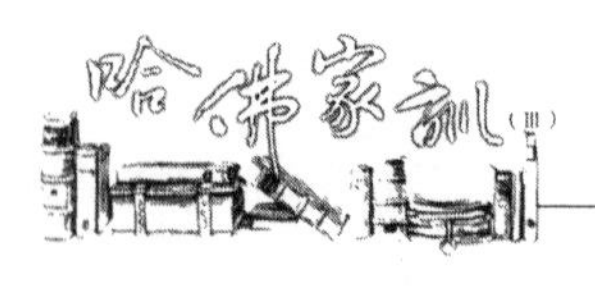

他終於打中了

夏季的一個傍晚，戈爾丁先生出去散步。在一片空地上，他看見一個十歲左右的小男孩和一位年輕婦女。那個孩子正用一個做得很粗糙的彈弓，瞄準立在離他七八公尺遠的一隻玻璃瓶。

那個孩子總是瞄不準目標，彈丸要麼偏左偏右，要麼就是忽高忽低。戈爾丁先生站在他身後不遠，好奇地期待著他打中一次，說實話，他從沒有見過準頭這麼差的孩子。

那位年輕的婦女安靜地坐在草地上，手邊放著一堆小石子。男孩射出一粒後，她就馬上又撿起一顆，輕輕遞到孩子手中。孩子細心地把石子放在皮套裏，打出去，然後再接過一顆。

那位婦女的臉上始終帶著鼓勵的微笑，從她眼神中可以看出，她是那個孩子的母親。

那個孩子始終都很認真，屏住氣，瞄很久，才打出一彈。但戈爾丁先生站了很久，他仍然一彈都沒打中。

「讓我來教教他，好嗎？」戈爾丁先生走上前說。

男孩停住了，但還是看著瓶子的方向。他的母親轉過頭對戈爾丁先生笑了笑說：「謝謝，不用了！」她頓了一下，望著孩子，又輕輕地說，「他看不見。」

戈爾丁先生頓時怔住了。半晌，他才喃喃地說：「噢，是這樣……對不起！但你爲什麼要這樣做？」

「別的孩子都這麼玩。」

「呃……」戈爾丁先生說，「可是他……怎麼能打中呢？」

「我告訴他，總會打中的！」母親平靜地說，「關鍵是他做了沒有。」

戈爾丁先生沉默了。

那個男孩的頻率逐漸慢了下來，很明顯，他已經累了。他的母親並沒有說什麼，還是很安詳地遞著石子兒，微笑著，只是傳遞的節奏也慢了下來。

戈爾丁發現，這孩子逐漸打得很有規律——他打一彈，向一邊移一點，再打一彈，再移點，然後再慢慢移回來。

夜風輕輕襲來，蟋蟀在草叢中輕唱起來，天幕上已有了疏朗的星星，彈弓的皮條發出的「劈啪」聲和石子蹦在地上的「砰砰」聲仍在單調地重複著。對於那個孩子來說，黑夜和白天並沒有什麼區別。

又過了很久，夜色籠罩下來，戈爾丁先生已經看不清那瓶子的輪廓了。「看來今天他是打不中了。」戈爾丁先生猶豫了一下，對母子倆說了聲「再見」，便轉身走回去。

只走出了幾步，身後就傳來一聲瓶子清脆的破裂聲，接著就是一陣天真的笑聲和一陣熱烈的掌聲。

兒子雖然看不見母親的微笑，但他看得見母親的愛。有愛的支持，沒有什麼是做不到的。

「總會打中的，關鍵是他做了沒有。」這就是一個母親的最高信仰。

最後的金錢豹

一天，著名動物標本製作師愛克蘭正扛著獵槍在非洲熱帶雨林四處張望，忽然，一隻金錢豹趁他不備從背後對他攻擊。金錢豹將愛克蘭撲倒在地，銳利的爪子狠狠地按住他的胸膛。令人意外的是，金錢豹沒有咬愛克蘭的喉管，卻咬住了他的右手腕。

在這危急關頭，愛克蘭忍著劇痛，舉起左手，將一梭子彈射入金錢豹的腹部。鮮血從牠的體內流出來，不一會兒，金錢豹張開大嘴，倒在地上。

愛克蘭這才鬆了一口氣，急忙跑到附近的一棵大樹下，把傷口包紮好。等他重新回到金錢豹倒下的地方時，發現牠已經不翼而飛。難道牠沒有死？

愛克蘭仔細察看草地，一條長長的血帶斷斷續續地延伸到前方。他順著血跡一步步搜索過去。愛克蘭來到一棵巨大的沙松樹跟前，發現一條長長的豹尾和兩條毫無生氣的後腿從樹洞口耷拉下來，鮮血染紅了洞口。

愛克蘭心中一陣納悶：剛才和自己搏鬥的那隻金錢豹怎麼會跑到這裏來？牠爲什麼要爬到這個樹洞裏去呢？愛克蘭大膽地踮起腳向樹洞裏望去——啊！他驚異地叫了一聲，他看見兩隻小豹正依偎在金錢豹的懷中，起勁兒地吮吸著媽媽的乳頭。它們渾身沾滿了鮮血，不停地往母親懷裏拱著……

愛克蘭受到了很大的震動，原來，偉大的母愛使這隻金錢豹在生命最後一刻重新回到孩子們身邊。看著這一情景，愛克蘭的眼睛頓時模糊了。

後來，愛克蘭把這兩隻小豹送給了國家動物園，把那頭母豹製成了一具漂亮的標本。他在標牌上寫著：「爲了兩隻剛出生的孩子，這頭母豹在彌留之際，竟然爬了千餘公尺的距離，重新回到窩裏，用剩下的一點兒乳汁拯救了牠的孩子。」

從此以後，愛克蘭再也沒有射殺過任何動物，哪怕是一隻野兔和小鳥。

世界上生命的種類千差萬別，但只有「母親」是沒有差別的：她們對孩子的愛是沒有差別的；她們為孩子所表現出的無私是沒有差別的；她們願意為孩子犧牲一切的無畏也是沒有差別的——感謝大地上所有的母親。

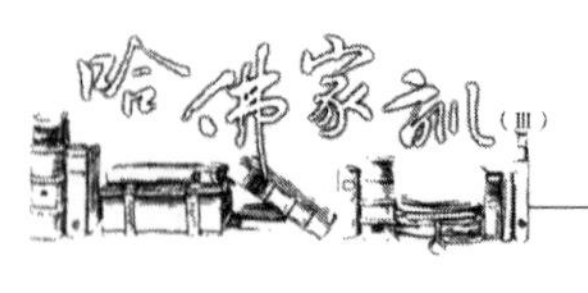

達爾文的童年

有一個孩子，在學校時的功課差極了，老師說他的智力有問題。看上去，他的確有些沉默寡言，他可以一個人坐在屋前的花園裏對著花草小蟲凝望很長時間。

他的父親教訓他：「除了貓、狗、螞蟻、老鼠、花草以外，你什麼都不關心，將來會有辱你自己，也會辱沒整個家庭的。」他的姐姐也看不起這個成績不佳、行爲怪異的弟弟，他在家庭中成了一個不受歡迎的人。

但是，他的母親卻不這樣看他，她想，如果孩子沒有一些自己的樂趣，那他的生活還會有什麼色彩？

媽媽支持兒子去花園，還讓他的姐姐也一起去。母親耍了一個小心機，她對兒子和他的姐姐說：「比一下吧，孩子們，看誰透過花瓣先認出是什麼花。」

兒子總是比姐姐認得快，母親每次都吻他一下。

對兒子來說，這是多麼令人興奮的一件事啊——他能夠回答出姐姐無法回答的問題，他能夠認出許多植物和動物的名稱，他甚至能透過觀察蝴蝶翅膀上斑點的數量，判斷它們的分類。

對於母親的做法，父親始終覺得不可理喻。父親認爲那種對兒子的放任是無助於成長的，除了暫時麻醉他的心靈之外，根本毫無益處。但是，就是這位醉心於鳥蟲花草的孩子，多年後成了生物學家，創立了著名的「生物進化論」。他就是十九世紀英國最偉大的博物學家、生物學家查理・羅伯特・達爾文。

有什麼樣的母親，就有什麼樣的孩子。母親是一個容器，她能決定孩子心胸的大小；母親是一片天空，她能決定孩子前程的遠近。

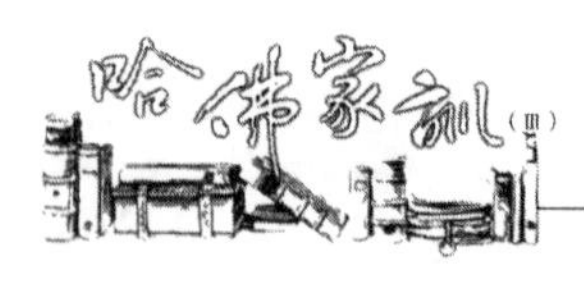

孩子眼裏的世界

美國內政部長辦公室特別助理凱薩琳回憶：十六歲那年的夏天，她過得悶悶不樂，整天唉聲歎氣，在屋子裏毫無目的地走來走去。父母問她原因，她的回答一概是「沒什麼」。

直到父親坐到她身邊，拉起她的手親切地詢問時，她才把心事和盤托出。原來她暗中喜歡上了一個男孩，可那男孩根本不知道有她這個女孩的存在！

父親鄭重地和她談心，告訴她什麼是生活，什麼是愛情。凱薩琳說：「那一刻我至今難忘。父親沒有取笑我，更沒有責備我，而是對我表示尊重和理解，告訴我應該如何對待此事。最後，他還讚許地說我是個感情純眞的可愛女孩。」

凱薩琳的父親是CIGNA公司的退休董事長，他並沒有修過家政課，但他對

獨生女兒始終實行三條準則：表達對她的愛；抽時間和她在一起；用她的眼睛去看世界。

女作家安妮．迪蘭德在《一個美國人的童年》一書中回憶道：五歲時，她在公園的小徑上偶然用小木棒掘出一枚一角錢的銀幣，於是驚喜地拿給爸爸看。爸爸沒有不屑一顧，而是用帶有詩意的語言解釋說：「時光埋葬了這枚銀幣，泥土細心地把它包裹起來……」這兩句隨口說出的話對女兒卻產生了深遠的影響，「我決定當探險家，然後當作家，把一切神奇的故事用詩的語言告訴別人。」

有一次，英語教授麥登和四歲的兒子格比去看波士頓一支著名棒球隊的比賽，本以爲父子倆都會很盡興，誰知才看了一會兒，格比就說：「棒球看夠了，我要回家。」麥登心情惡劣地帶兒子出了運動場。

回家經過科學博物館，麥登教授想起上次帶兒子參觀時，他興致很高，並希望再來一次。於是父子倆走了進去。「格比進了博物館，就從一個廳奔到另一個廳，高聲呼喚我去分享他的新發現。」麥登回味這一天，感到很有意義，因爲，他不但通過兒童的眼光看到了生活中過去忽略的美，而且認識到，與孩子在一起，成年人最好放棄「應該這樣應該那樣」的先入之見。

斯迪夫是一名機械工程師，耶誕節到來時，他給女兒買回一個昂貴的玩具，卻見她對玩具置之不理，倒對裝玩具的盒子愛不釋手。他感到難以理解：「那只是個盒子，又不是個城堡。」可是，當他回憶起自己幼年把玩具小車當成馬車、把小床當成太空船時，卻禁不住笑了。

他發現，隨著時光的流逝，他離孩子的心已經遠了。

幾乎所有的父母都愛自己的孩子，但只有極少的父母愛得正確。愛自己的孩子，就要在乎他們怎麼想，而不是你自己怎麼想。

愛是絕對沒有過錯的，但給予愛的方式卻一定有對錯之分。

珍藏一生的詩句

在三藩市，有這樣一個普通美國人的家庭，母女倆相依爲命。

在女兒四歲的時候，父親應徵入伍，前往越南作戰，不幸陣亡。四歲的孩子對父親的印象很模糊，母親卻時常追憶往事，翻閱照片，努力使父親繼續活在她們中間。

父母親當年青梅竹馬，父親喪生以後的二十年，雖然女兒多次勸她，但母親竟未再婚。

不久前，這位堅強的母親病逝了。女兒收拾遺物的時候，在一隻收藏紀念品的小盒裏，發現了一首母親寫的詩——

記得那天，我借用你的新車，可我撞壞了它。

我以爲你會罵我，但是你沒有……

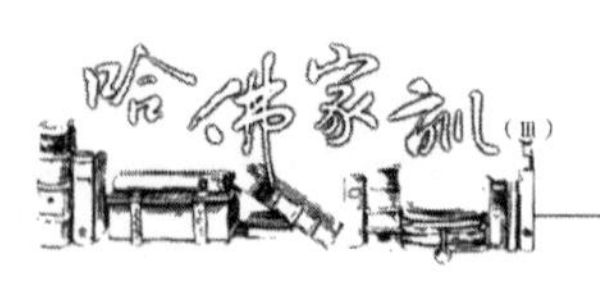

還記得那一次，我拖著你去海邊，而你說那天會下雨。

果然那天下雨了。

我以爲你會說：我告訴過你啦！但你並沒有……

記得那一次，我向所有的男孩子挑逗，

我想引你妒忌，引你發狂，而你沒有……

你記不記得那一次，我不經意在你新鋪的地毯上，吐了滿地的草莓餅？

我以爲你一定會厭惡我，但是你沒有……

記得有一回，我忘記告訴你那個舞會是穿禮服的，而你只穿了牛仔褲。

我以爲你一定要向我發怒，但你卻沒有……

是的，有許多許多的事，你全都沒有做。

你容忍我、鍾愛我、保護我……

有許多許多的事，我要回報你，我要感激你，

我曾經發誓——當你從戰場回來……

但是你沒有！

女兒幾乎讀不下去了。她終於知道，這麼多年，爲什麼母親能平靜地面對

一切；這麼多年，爲什麼一個沒有父親的女兒卻感到生活照樣快樂充實——因爲母親的心中始終珍藏著一個美麗的童話。

擁有真情是幸運的，當不幸降臨的時候，這種不屈不撓的情感足以使人戰勝一切苦難。

培養孩子執著的真情，並不是為了別人，是為了他們自己。真情才能產生真愛，真愛才會產生勇氣，勇氣才能戰勝苦難！

利潤的另一種演算法

小鎮上有一個五金店，店老闆從事這一行已有二十多年，生意一直很好。儘管他生意做得很出色，但對會計業務一竅不通，店裏甚至連賬簿都沒有。他把支票放在一個棕色的大信封內，把鈔票放在雪茄盒裏，把到期的帳單都插在票夾上。

一天，老闆的小兒子來探望他，看見店裏的情形，就說：「爸爸，我實在搞不懂你是怎麼記賬的，你這樣做根本無法核算成本和利潤，那樣會影響你的商業決策。我替你設計一套現代化會計系統，好嗎？」

老闆搖搖頭說：「不必了，孩子，我自己心裏有數。我父親是個貧困的農夫，他去世時，我只有一條工裝褲和一雙鞋。後來我離開鄉下農場來到城裏，依靠辛勤工作，我終於有了這家五金店。

我剛開五金店時，還是獨身一人，後來一個城裏的女孩子答應和我結婚，她就是你們的媽媽。有了她的幫助，我的生意更加蒸蒸日上，於是我們考慮生幾個孩子。

你們三個相繼出世了，你哥哥當了律師，你姐姐當了編輯，你是經濟學博士。現在，我和你媽媽住在一間很不錯的房子裏，還有兩部汽車。我是五金店的老闆，而且不欠人家一分錢。」

老闆停了一下，接著說：「我的計算方法很簡單，把我現在擁有的一切加起來，扣除那條工裝褲和那雙鞋，餘下的就全是利潤了。」

親情的成本是愛，利潤還是愛——親情的投資，是世界上最好的投資。

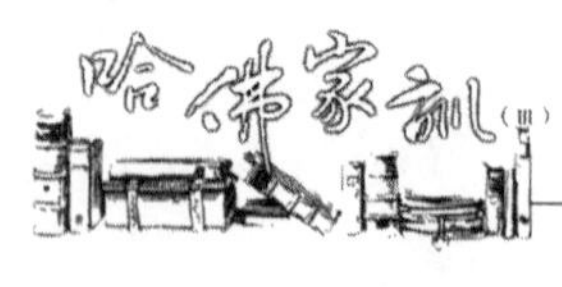

蓋奇的聖誕禮物

愛德華先生訂了好幾份報紙，以便每天早晨可以得到最新的金融資訊。送報的是一個十來歲的小男孩。每天清晨，他騎單車飛快地沿街而來，從帆布背袋裏抽出捲成筒的報紙，投到愛德華先生的門廊下，再飛快地騎著車離開。

一個週末的晚上，愛德華先生回家時，看見那個報童正沿街尋找什麼。他停下車，好奇地問：「嘿，孩子，找什麼呢？」報童微微一笑，回答說：「我丟了五美元，先生。」

一種憐憫心促使愛德華先生下了車，他掏出一張五美元的鈔票遞給小孩說：「好了，孩子，你可以回家了。」報童驚訝地望著愛德華先生，並沒伸手接這張鈔票，他的神情告訴對方：他不需要施捨。

愛德華先生想了想說：「算是我借給你的，明早送報時你給我寫一張借

據，好嗎？」報童終於接過了錢。

第二天，報童果然在送報時交給愛德華先生一張借據，上面的簽名是蓋奇。其實，愛德華先生一點兒都不在乎這張借據，不過他倒是關心小蓋奇急著用五美元幹什麼。「買個聖誕天使送給我妹妹，先生。」蓋奇自豪地告訴他。

孩子的話提醒了愛德華先生，再過一星期就是耶誕節了。晚上，一家人好不容易聚在一起吃飯時，愛德華先生宣布道：「下星期，我恐怕不能和你們一起過耶誕節了。不過，我已經交代秘書在你們每個人的戶頭裏額外存了一筆錢，隨便買點什麼吧，就算是我送給你們的聖誕禮物。」

飯桌上並沒有出現他期望的熱烈，家人只淡淡地說了一句禮貌的「感謝」。愛德華先生心裏很不是滋味。

星期一早晨，蓋奇照例來送報，愛德華先生破例走到門外與他攀談：「你準備送妹妹的聖誕天使買好了嗎？花了多少錢？」

蓋奇回答道：「一共四十八美分，先生。我昨天先在跳蚤市場用四十美分買下一個舊芭比娃娃，再花八美分買了一些白色紗綢和絲線。我同學拉瑞的媽媽是個裁縫，她願意幫忙把那個舊娃娃改成一個穿漂亮紗裙長著翅膀的小天

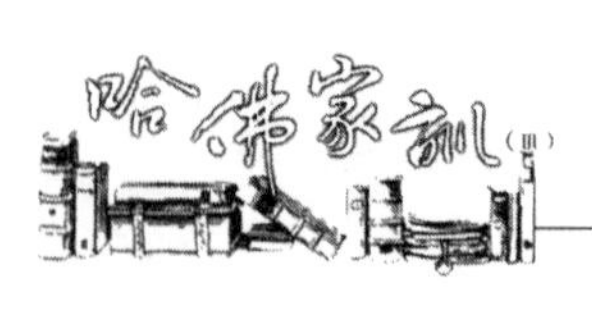

使。要知道，那個聖誕天使完全是按童話書裏描述的樣子做成的——那是我妹妹最喜歡的一本童話書。」

蓋奇的話深深觸動了愛德華先生，他感慨道：「你多幸運，四十八美分的禮物就能換得妹妹的歡喜。可是我呢，即使付出比這多得多的錢，得到的不過是一些言不由衷的客套話。」

蓋奇眨眨眼睛說：「也許是他們沒有得到所希望的禮物？」愛德華先生皺皺眉頭，不解地說道：「我給了他們很多錢，難道還不夠嗎？」蓋奇搖頭說：「先生，聖誕禮物其實不一定要花很多錢，而是要花一些心思。」

愛德華先生站在門口沉思好久才轉身進屋。早餐已經擺好了，妻子兒女們正等著他。他沒有像平時那樣自顧自地邊喝牛奶邊看報紙，而是笑著對大家說：「告訴你們，我已經決定取消去加拿大的計畫，我要留在家裏和你們一起過耶誕節。現在，請你們告訴我，你們最希望得到什麼樣的聖誕禮物呢？」

他的話剛說完，全家人都露出了驚喜的歡呼，他的女兒甚至帶著懷疑的表情問他：「爸爸，你說的是真的嗎？」

愛其實並不在於饋贈多少禮物和金錢，愛在於你饋贈了多少在意和用心。

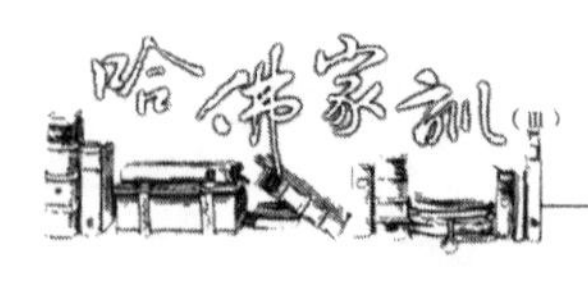

媽媽的血

湯姆兩三歲時就從奶奶那裏得知，他是從媽媽肚子裏生出來的，爲了證實，他還特別看了媽媽肚子上那條嚇人的疤痕。

有一天，他親眼從電視上看到一次剖腹產手術的眞實場面。當時他似乎嚇壞了，趕忙用小手把媽媽的頭轉過來，很鄭重地問道：「媽媽，你生我的時候肯定流了很多血吧！」

「嗯。」媽媽點點頭。

「有多少血？你跟我說嘛！」

「好幾大碗呢！」媽媽想把他搪塞過去，「喏，就像電視裏那麼多。」其實，電視裏只是血淋淋的，並沒顯示有多少血。

「到底有幾大碗呢？」兒子一臉認眞地問。

這下把媽媽給難住了，她想了一會兒，含含糊糊地說：「我也記不清了，當時我都疼暈過去了。」

「暈了？暈了幾天？」

「七天。」媽媽脫口而出，又覺得太誇張，趕緊更正說，「暈了整整一天一夜，接著就發高燒，躺在病床上打了三天吊針，七天傷口才拆線。」

湯姆低垂著眼簾，很顯然，他在努力理解媽媽描述的情形。對於他來說，想清楚生孩子時的痛苦樣子還有些困難。他思索了一會兒，輕輕用一雙小手把媽媽的臉扳過來，一字一句地說：「媽媽，我以後再也不煩你了！」

媽媽頓時淚如泉湧。

當我們出生的時候，母親的身體為我們流血；當我們遇到災難坎坷的時候，母親的心為我們流血；當我們成長的時候，母親為我們擔心操勞，她們用一世的生命為我們流血。

可是母親從來不要我們報答，因為她們根本就不記得為我們流過了多少血。

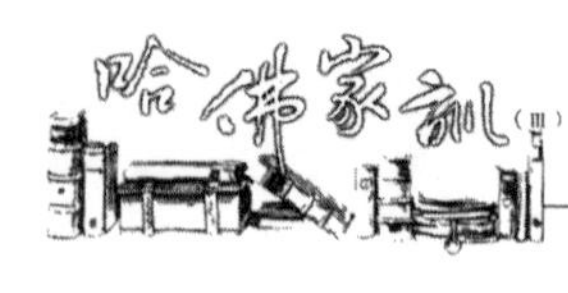

昂貴的項鍊

豪斯先生站在櫃檯後面，百無聊賴地望著窗外。這時，一個小女孩走了進來，她把整張臉都貼在玻璃櫥櫃上，出神地盯著那條藍寶石項鍊。

小女孩說：「我想買那條項鍊給我姐姐。您能包裝得漂亮一點嗎？」豪斯先生狐疑地打量著小女孩，問道：「你有多少錢？」

小女孩從口袋裏掏出一個小手帕，小心翼翼地解開所有的結，然後攤在櫃檯上，興奮地說：「這麼多還不可以嗎？」豪斯先生一看，不過是十幾枚硬幣而已。

小女孩說：「今天是姐姐的生日，我想送件好禮物給她。自從媽媽去世後，姐姐就像媽媽一樣照顧我們，我相信她一定會喜歡這條項鍊的。」

豪斯先生猶豫了一下，還是拿出了那條項鍊，把它裝在一個小盒子裏，用一張漂亮的紅色包裝紙包好，還在上面繫了一條綠色的絲帶。豪斯先生對小女

孩說：「拿去吧，小心點。」小女孩滿心歡喜，連蹦帶跳地回家了。

就在這一天的工作快要結束的時候，店裏突然來了一位美麗的姑娘，她有一雙漂亮的藍眼睛。這位美麗的姑娘把已經打開的禮品盒放在櫃檯上，禮貌地問道：「先生，這條項鍊是從您這裏買的嗎？請問是多少錢？」

豪斯先生微笑著說：「是的，不過本店商品的價格是賣主和顧客之間的秘密。」

這位美麗的姑娘繼續說：「我妹妹只有十幾枚硬幣，這條項鍊貨眞價實，她是買不起的。」

豪斯先生接過盒子，精心將它重新包好，繫上絲帶，又遞給了姑娘：「她給出了比任何人都高的價格，她付出了她所擁有的一切。況且，我覺得你有資格佩戴這條項鍊。」

世界上最昂貴的東西不是「很多」，而是「全部」。

獨一無二的家教

艾爾非常年輕的時候，就已經是一個嫻熟的藝術家和製陶師了，他有一個妻子和一個優秀的兒子。

一天晚上，艾爾的妻子感到胃部疼得很厲害，但是艾爾卻認爲這只是普通的疾病，於是就沒有多加注意。可是妻子得的卻是急性闌尾炎，就在那天半夜，她痛苦地死去了。

如果不是由於艾爾的粗枝大葉，如果他能稍微意識到妻子病情的嚴重性，死亡本來是可以避免的——在巨大犯罪感的壓迫下，艾爾的情緒一下子變壞了。因爲受不了心靈的打擊和痛苦，艾爾妄圖從酒精中尋求解脫，沒過多久，他就變成了一個酒鬼。

六歲的兒子，從此就和這樣一個父親生活在一起。隨著對酒精的迷戀越來越深，艾爾過去擁有的一切開始一點兒一點兒地失去——他的家、他的土地、他的藝術品……最後，他在三藩市一家汽車旅館裏孤獨地死去。

當人們聽到艾爾去世的消息後，就連過去最好的朋友佩基都無法掩飾對他的蔑視：「這是一個多麼徹底的失敗者呀！」

然而，隨著時間的流逝，佩基開始改變對艾爾的評價，因爲，他認識了艾爾已經成年的兒子邦尼。邦尼是佩基所知道的最仁慈、最富愛心的人之一，而且他的孩子們也和他一樣心地善良，舉止文雅。

邦尼很少談論他的父親，要爲一個酒鬼辯護是多麼困難啊。一天，佩基鼓起勇氣問邦尼：「有一件事我感到非常迷惑，」他說，「我知道你是由你的父親撫養長大的，那麼，他是如何使你成爲這樣一個優秀的人呢？」

邦尼平靜地坐在那裏，仔細思索了一會兒，然後說：「從我懂事起，一直到我十八歲離開家，即使爛醉如泥的時候，父親每天晚上也要到我的房間裏來，在我的面頰上輕吻一下，並且說：『我愛你，兒子。』」

佩基的心顫抖了一下，他意識到過去對艾爾的看法是多麼愚蠢。艾爾雖然沒有給兒子留下什麼物質財富，但是他用一個父親摯愛的心，培養出了一個非常優秀的兒子。

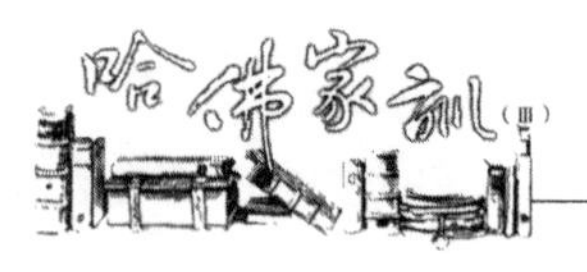

有的父母擁有很多，他們不知道該給孩子什麼；有的父母一無所有，他們不知道能給孩子什麼。

其實，養育一個好孩子並不需要很多，一聲「晚安」、一個真情的吻、一句「我愛你」就足夠滋養孩子的心靈——真誠的愛就是孩子最好的糧食。

可憐父母心

孩子！當你還很小的時候，
我花了很多時間，教你慢慢用湯匙、用刀叉吃東西，
教你繫鞋帶，扣扣子，溜滑梯，
幫你穿衣服，揩鼻涕，梳頭髮……
這些伴隨你成長的點點滴滴，是多麼令我懷念不已。
所以，當我想不起來，接不上話時，
請給我一點時間，
等我一下，讓我再想一想，
有可能最後連要說什麼，我也一併忘記……
但是，你一定要原諒我，

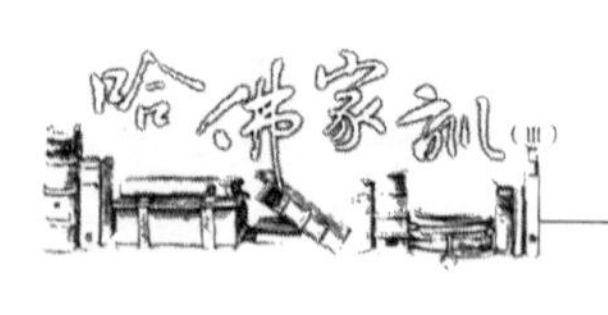

也許馬上我就能重新記起。

孩子！還記得我們練習了好幾百遍你才終於學會的第一首兒歌嗎？
是否還記得，每天我總要絞盡腦汁去回答你不知從哪裏冒出來的無數個「爲什麼」？

所以，當我重複又重複地說著老掉牙的故事，哼著你孩提時代的兒歌時，
請你不要打斷我，
讓我繼續沉醉在這些回憶中，
切望你，也能陪著我重溫昔日……

孩子，現在我常忘了扣扣子，繫鞋帶，
吃飯時會弄髒衣服，梳頭時手不停地顫抖……
不要催促我，要對我多一點耐心和溫柔，
只要有你在一起，就會有很多的溫暖湧上心頭……

孩子！如今，我的腳站也站不穩，走也走不動，

曾經我可是一口氣能把你背很遠很遠啦，

所以，請你緊緊地握著我的手，陪著我，慢慢地，

像我曾經拉著你蹣跚學步一樣。

讓我們肩並著肩，小步小步地往前走……

如果你願意，還可以輕輕哼幾支曲子，

最好是我們都熟悉的那一些。

孩子，我老了，

可是我永遠記得你小時候的樣子……

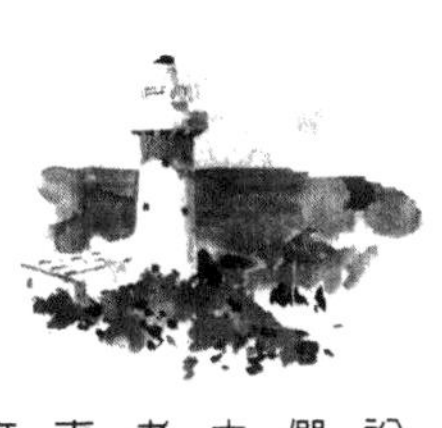

假如你的父母還能清楚地看見你，還能聽見你說話；假如你能抽出一點時間，假如你還沒忘記他們曾經給你的愛——回去看看他們吧！年華正離去，他們多希望你陪他們走一段路，說幾句話，或者隨便地坐在一起看看窗外的天空。光陰似箭，世事如煙，不知道明天過後，你還有沒有這樣的機會度過這樣的時光。

童眞

純白無瑕的善意

「埃倫，你覺得我會成爲一個很漂亮的女孩子嗎？」

「當然會，你會比我還漂亮。」

「不，我要比媽媽還漂亮才行，那樣的話，爸爸也會天天擁抱我了——可是現在，他只擁抱媽媽。」

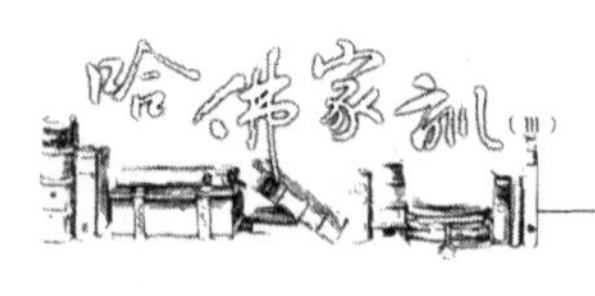

公主的小月亮

小公主雷娜生病了，御醫們束手無策。國王問女兒想要什麼，雷娜說，她想要天上的月亮。國王立刻召見首席大臣伯倫，要他設法把月亮從天上摘下來。

伯倫從口袋裏掏出一張紙條，看了看，說：「我可以弄到象牙小狗、金子做成的昆蟲，還能找到巨人和侏儒……」

國王很不耐煩，一揮手，說：「我不要什麼象牙小狗，你馬上給我把月亮弄來。」

伯倫面露難色，一攤手，說：「月亮是熱銅做的，離地六千公里，體積比公主的房間還大，微臣實在無能爲力。」

國王大怒，讓伯倫滾出去。爾後，他又召見了宮中的數學家。這位數學大師頭頂已禿，耳朵後面總是夾著一支鉛筆，他已經爲國王服務了四十年，不少

難題一到他手中便迎刃而解。可這回，他一聽國王的要求便連聲推托：「月亮和整個國家一樣大，是用巨釘釘在天上的，我實在沒辦法把它取下來。」國王聽後很失望，揮手讓數學大師退下。

接下來被請去的是宮中的小丑。他穿戴滑稽，全身上下還掛著一串串鈴鐺。他連蹦帶跳，叮叮噹當地跑到國王面前，問：「請問陛下，有何吩咐？」

國王又將事情的原委說了一遍。小丑聽後沉吟良久，方才慢慢地說：「陛下，您的大臣們都是具有遠見卓識的智者，但月亮究竟是何物，他們的說法不一。我們不妨問問雷娜公主，她以爲月亮是什麼樣子呢？」國王表示同意。

小丑連忙去問雷娜公主。小公主躺在床上，有氣無力地說：「月亮比我手指甲小一點，因爲我伸出手指放在眼前便擋住了它。月亮和樹差不多高，我常見到月亮停在窗外的樹枝上。」

小丑問月亮是由什麼做成的，公主說：「大概是金子吧。」

小丑連忙讓工匠用金子打造了一個小月亮，送給公主。小公主歡天喜地，第二天便下床在院子裏玩耍了。

可是，天近黃昏時國王又開始發愁了，心想：「女兒見到天上又升起一個月亮，豈不又要鬧騰？」他連忙又將首席大臣和數學大師請來商議對策。

首席大臣說：「給公主戴副墨鏡如何？戴上墨鏡公主就看不見月亮了。」

國王不同意，說：「公主戴上墨鏡，走路會摔倒的。」

數學大師在房間裏來回走著，低頭沉思，忽然他止住腳步，說：「有辦法了，陛下。我們來放鞭炮！讓鞭炮的火花把黑夜照得如同白晝一樣，不就看不見月亮了嗎？」

國王搖搖頭說：「鞭炮太響，肯定吵得公主睡不著覺。」

這時，月亮已經升上樹梢，國王只好再去請教小丑。小丑胸有成竹地說：「陛下，我們還是問問雷娜公主吧。」

小丑走進公主臥室時，她已經靜靜躺在床上了，但還沒睡著。小丑問：「月亮怎麼能夠同時掛在天空和你的脖子上呢？」

雷娜公主笑了，說：「你真傻，這有什麼奇怪。我掉了一顆牙齒之後又長出來一顆新牙齒，採掉一枝花朵後又會長出新的一朵，月亮也是這樣呀。」小公主的聲音越來越低，她慢慢合上了眼睛，臉上浮出了甜甜的微笑。

小丑給公主蓋好毯子，輕手輕腳地走出了房間。

智謀、學識和權力，在孩子面前都會失去力量，我們唯一能抵達孩子內心的途徑，就是那顆孩子一樣純淨天真的心靈。

在兒童的世界裏，道貌岸然的我們才是真正的小丑。

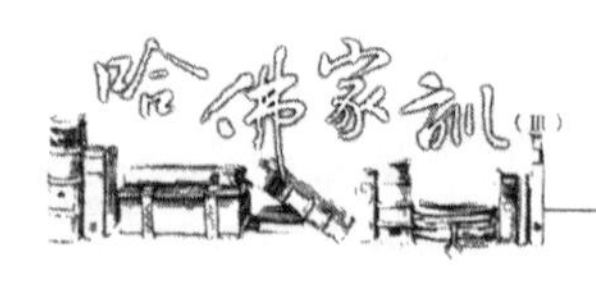

讓你的花開在花園

有一位牧師，奉派到新教區任職，他發現，前任牧師在教堂外面的院子裏種了數百株鬱金香。

在教堂的旁邊有一所小學，每天上學的學童走過教堂花園的時候，情不自禁地都要摘一朵花。他們走近花圃，先是指指點點地欣賞，然後就走上前，一邊望著花，一邊望著牧師，紛紛問道：「我可以摘一朵花嗎？」

開始，牧師不知道如何應付這樣的場面，因爲，他不忍心拒絕一個個眞正愛花的孩子。可是，沒過多長時間，院子裏的花越來越少了。

不久，牧師有了主意。當孩子們再來問他，「我可以摘一朵花嗎？」，牧師就慈祥地問：「你想要哪一朵？」

一個孩子選了開得最美的一朵鬱金香。牧師馬上說：「好！這朵花就是你

的了。要是你把它留在花園，它會開很長時間也不會凋謝，而且你每天都可以來看它一下。而你現在摘走它的話，數小時以後它就沒有了。你想留下它嗎？」

孩子想了一會兒，然後說：「我要把花留在這裏，過一會兒再來看它。你能幫我留住它嗎？」

幾乎所有的孩子，都在這裏選了一朵他們最喜歡的花，每個人都同意把他們的花留在園子裏。

那年春天，牧師送出了整個花園的花，但沒有一朵被摘走。看到那些鮮豔的花朵，牧師的眼前就浮現出一群可愛的孩童。

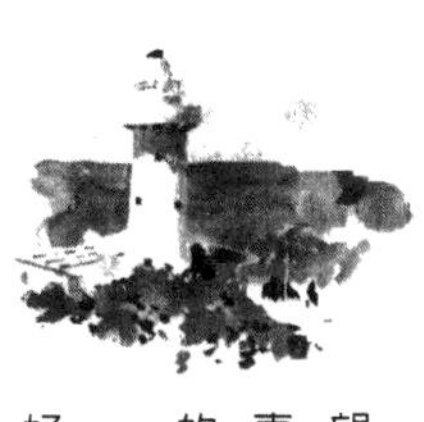

美好的事物，總是讓我們對它產生想擁有的渴望，可有時，因為我們的這種渴望，使那些美好的事物失去了它的美好，失去了它向更多人展示美好的機會。

讓美好按照美的樣子存在著吧，佔有並不是最好的選擇。

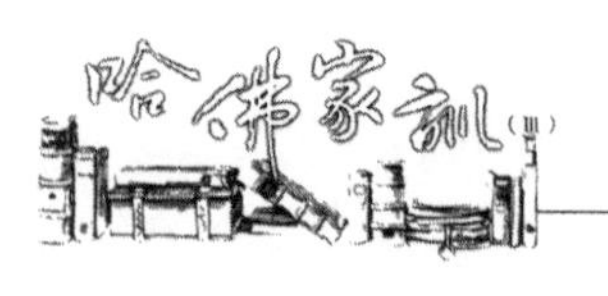

父親的一小時

父親很晚才下班回家，他的工作壓力很大，心裏也有點煩，他想休息一下。而這時，他發現自己五歲的兒子靠在門旁等他。

「爸爸，我可以問你一個問題嗎？」

「什麼問題？」

「爸爸，你一小時可以賺多少錢？」

「爲什麼問這個問題？」父親問道。

「我只是想知道，請告訴我，你一小時能賺多少錢？」小孩固執地再次追問。

「我一小時可以賺二十元美金，有時還多一點。這有什麼問題嗎？」父親沒好氣地說。

「哦，」小孩低下頭，接著說，「爸爸，您可以借給我十元美金嗎？」

父親有些生氣了：「別再去買那些毫無意義的玩具，爸爸整天就爲了你才這麼累，你卻只想到亂花錢。」

孩子委屈地回到自己的房間，並關上門，父親生氣地坐在客廳裏。

過了一會兒，他心裏平靜下來，覺得剛才對孩子太兇了。或許孩子眞的很想買什麼東西，再說他平時很少要過錢。

父親走進孩子的房間，發現他正躺在床上。他輕輕問道：「你睡了嗎，兒子？」

「爸爸，沒有，我還醒著。」孩子回答。

「對不起，我剛才太粗暴了，」父親邊說邊將錢遞給孩子，「這是你要的十美元。」

「爸爸，謝謝你。」小孩歡叫著從枕頭下面拿出一些被弄皺的鈔票，慢慢地數著。

「你已經有錢了，爲什麼還要？」父親又有些生氣，他不知道這個孩子今天到底是怎麼了。

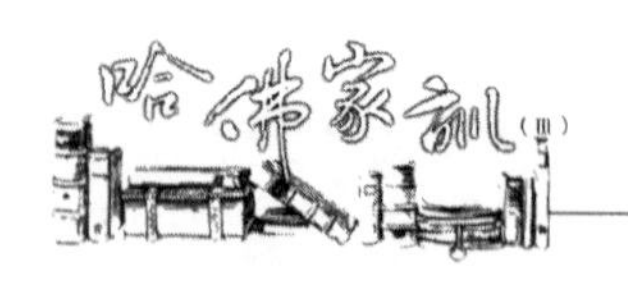

小孩把所有的錢舉在手上，說：「爸爸，我現在有二十美元了。我可以向你買一個小時的時間嗎？明天請早點兒回家——我想和你一起吃晚飯。這是我盼望已久的事情。可以嗎？」

父親站在床前，半天說不出一句話來。

當你想到南方去，卻把車開向了北方；當你整天為了孩子的未來忙碌時，卻一直在將孩子的現在忽略；你以為在實施父愛，其實卻在背離父愛。

邁克的理想

約翰大學畢業後到一所小學當文法老師。他上課的第一天，就讓全班二十四個孩子各自寫一篇作文，題目是：我的理想。

作業本交上來後，約翰發現孩子們的想像力非常豐富。有的說將來要當科學家，有的想當演員，有的要當電腦程式師，有的想當農場主……可是，當他翻開小邁克的本子時，頓時大吃一驚：他說，他的理想是當一條狗。

粗糙的格子上用粗糙的鉛筆寫道：「我爸爸原是一個雜貨推銷員，他經常對我說，『你要好好學習，長大了成爲百萬富翁』。後來爸爸因車禍去世了，媽媽突然變得鬱鬱寡歡。她不再像原來那樣開朗快樂，不再和鄰居往來。

爲了讓母親健康而平安地活下去，我從舊書攤買來一大堆雜誌和小說，希望能驅散母親的悲傷。可是，她對什麼都不感興趣，整天看著院子裏的玫瑰和

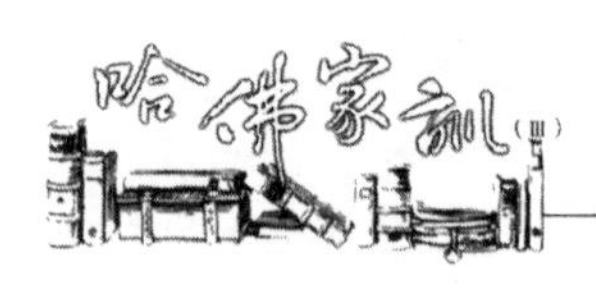

鬱金香發呆——那是爸爸在世時專門爲媽媽栽種的。

媽媽曾經是那麼漂亮，她喜歡唱歌，喜歡帶著我到鄰居家串門，那時候，她的臉上總是帶著幸福的微笑。可是現在，憂鬱的心情使她衰老，當我半夜醒來聽見她低聲哭泣的時候，我的心都要碎了。

所以，我現在不再想當百萬富翁，我的理想是當一隻小狗。假如我成了小狗，就可以天天守在媽媽跟前，免得她一個人因爲痛苦而孤獨……」

作文很短，剛好一頁，字跡歪歪斜斜的。約翰讀完最後一句的時候，差一點兒就哭了。那天，他被這個二年級學生的「理想」震撼了，他覺得，這是世上最感人的理想。

邁克沒想要變成總統，讓母親享受權力；沒想要變成富豪，讓母親享受金錢——他只想變成一隻小狗，他要讓母親享受他最體貼最溫暖的關懷。

想吃冰淇淋的小女孩

那是入夏以來最熱的一天，街角的冰淇淋超市成了最受歡迎的地方。一個赤著腳的小女孩來到超市前，她手中攥著一枚硬幣，想買一個冰淇淋。

自從父親去世之後，她已經好久沒吃過冰淇淋了。昨天她幫助隔壁的梅亞奶奶上醫院，今天媽媽特地獎勵她。

她高興地向超市跑去，剛到門口卻被攔住了，侍者示意她看一看門上掛著的告示牌，上面寫著：「赤足者免進。」

她的臉紅了，於是轉過身，忍著眼淚，想趕快離開。

就在這時，超市裏的一位先生走了出來。他跟在小姑娘的後面，叫住了她：「你很想吃冰淇淋嗎？」

女孩難爲情地看看自己的腳，眼淚止不住地流了下來。

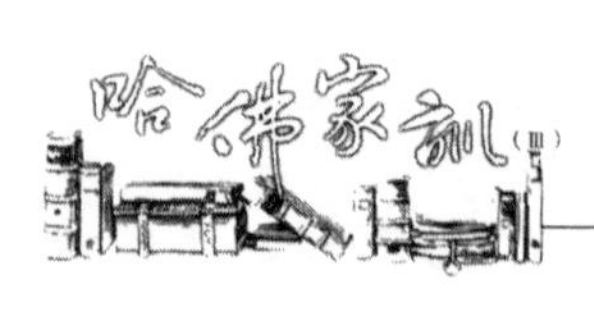

那位先生擦掉小女孩臉上的淚水，然後脫下自己腳上的大皮鞋放到她面前，輕鬆地說：「孩子，我知道你不喜歡這雙鞋，它的確又大又笨，可是，它卻能帶你去吃美味的冰淇淋。」

女孩驚訝地看著他：「真的嗎？這樣我就可以進去了嗎？」

「當然。你穿著它們進去，我就坐在這裏等你。不過你走路得小心點。」

那位先生彎下腰幫小女孩穿上大皮鞋，她感激得幾乎說不出話來。她搖搖晃晃地走向冰淇淋櫃檯，超市裏突然安靜了下來，人們都一齊看著她舉著硬幣的小手和那雙奇大無比的皮鞋。

每一個人都有自尊，每一個人都希望自己體面，即便是孩子。

體貼地照顧一下別人的自尊，有時只需舉手之勞，只要你願意摘下虛偽的面具。

實際上，一雙孩子的赤腳，比任何華麗昂貴的皮鞋都漂亮、高雅。

林肯的鬍子

在美國第十六任總統林肯的故居裏，掛著他的兩張畫像，一張有鬍子，一張沒有鬍子。在畫像旁邊的牆上，貼著一張紙，上面歪歪扭扭地寫著——

親愛的先生：

我是一個十一歲的小女孩，非常希望您能當選美國總統，因此，請您不要介意我給您這樣的一位偉人寫這封信。

如果您有和我一樣的女兒，就請您代我向她們問好。要是您不能給我回信，就請她們給我寫吧。我有四個哥哥，他們中有兩人已決定投您的票。如果您能把鬍子留起來，我就能讓另外兩個哥哥也選您。

您的臉太瘦了，如果留起鬍子就會更好看。所有的女人都喜歡鬍子，那時，她們也會讓她們的丈夫投您的票。這樣，您一定會當選總統。

格雷西敬上

一八六〇年十月十五日

在收到小格雷西的信後，林肯立即親自回了一封信——

小格雷西，我親愛的小妹妹：

收到你十五日的來信，非常高興。令人遺憾的是，我沒有女兒，只有三個兒子，一個十七歲，一個九歲，一個七歲。我的家庭就是由他們和他們的媽媽組成的。

關於鬍子，我從來沒有留過，如果我從現在起留鬍子，你認爲人們會不會覺得有點可笑？

衷心地祝願你

亞伯拉罕・林肯

一八六一年二月，當選總統的林肯在前往白宮就職的途中，特地在小格雷西居住的小城韋斯特菲爾德車站停了下來。他對歡迎的人群說：「這裏有我的

一個小朋友。我的鬍子就是爲她留的。如果她在這兒，我要和她談談。她叫格雷西。」

小格雷西興奮地從人群中擠到林肯面前，林肯把她緊緊地抱了起來，親吻她的面頰。小格雷西輕輕地撫摸他的又濃又密的鬍子，高興地說：「眞好看。」林肯對她笑著說：「我是爲了你才讓它長出來的。」

林肯改變了美國，而格雷西改變了林肯，他們都運用了真誠的力量。

當格雷西的小臉緊貼在林肯鬍鬚上的時候，我們看到的是一個民族最動人的真情。

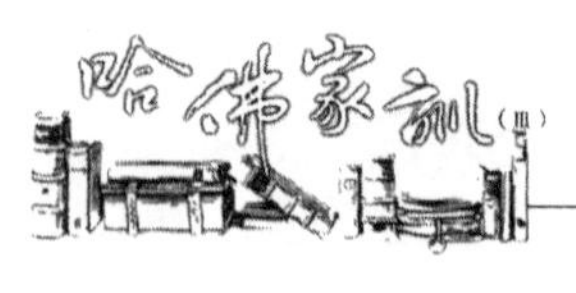

孩子告訴父母的話

我的手很小，無論在什麼時候，請別要求我把什麼都抓住。我的腿很短，請慢些走，以便能跟上你。

我的眼睛並不像你那樣見過世面。請讓我自己慢慢地觀察一切，並希望你不要對我加以過分的限制。

家務總是繁多的，我的童年卻很短暫。請花一些時間給我講一點有關世界的奇聞，不要僅把我當做取樂的玩具。

我的感情是脆弱的。請對我的反應要敏感點，我的哭鬧和不高興的情緒背後，都有你需要關注的原因。

我是上帝賜給你的一件特別的禮物。請愛護我，不要讓我的身體和心靈受任何傷害。

你不能一輩子在我身邊，所以請你告訴我將來靠什麼生活，請你從現在起就開始訓練我生活的各種技能。

我需要不斷的鼓勵，不要經常嚴肅地批評和威嚇我。要記住，你可以批評我做錯的事情，但不要批評我本人。

請給我一些自由，讓我自己決定有關的事情，允許我做錯事或不成功，以便從錯誤中吸取教訓。總有一天，我會隨心所欲地、正確地決定自己的生活。

不要試圖把我同別的孩子作比較。我是獨一無二的，我有我的方式，我有自己的行動準則。

不要怕我和你一起去度週末。小孩需要從父母那裏得到愉快，像父母從小孩那裏得到喜悅一樣。

孩子是父母手心裏的寶貝，養育他們不像養活一株草那麼簡單，呵護、陪伴、指引、欣賞……無論哪一樣都不可或缺。

感謝孩子，他們教會了我們怎樣像一個父親或母親那樣生活。和他們共同成長，是人生最大的樂事。

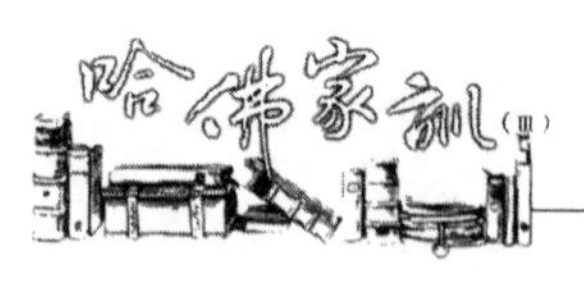

請把我埋得淺一些

「二戰」時期，在一座納粹集中營裏，關押著很多猶太人，他們大多是婦女和兒童。他們正遭受著納粹無情的折磨和殺害，集中營的人數在不斷減少。

有一個天眞活潑的小女孩，和她的母親一起被關押在一個集中營。一天，她的母親和另一些婦女被納粹士兵帶走了，從此，再也沒有回來，人們知道，她們肯定是被殺害了。

但這個小女孩不知道，她向大人們打聽，她的媽媽到哪裏去了，爲什麼這麼久了還不回來。大人們沉默著流淚了，他們對小女孩說，你的媽媽去找你爸爸去了，不久就會回來。

小女孩相信了大人的話，她不再哭泣詢問，而是唱起媽媽教給她的許多兒歌，一首接一首地唱，像輕風一樣在陰沉的集中營吹拂。她還不時爬上囚室的小窗，向外張望，希望看到媽媽從遠處走來。

小女孩沒有等到媽媽回來。就在一天清晨，納粹士兵用刺刀驅趕著，將她和其他數百名猶太人逼上了刑場。刑場上早就挖好了深坑，所有的人都將一起被活埋在這裏。人們在恐懼中沉默著，發不出任何聲音。他們一個接一個地被納粹士兵殘酷地推下土坑。

當一個納粹士兵走到小女孩跟前，伸手要推她的時候，小女孩睜大漂亮的眼睛對納粹士兵說：「大兵叔叔，請你把我埋得淺一點好嗎？要不，等我媽媽來找我的時候，就找不到了。」納粹士兵伸出的手僵在了那裏，周圍頓時響起一片抽泣聲，接著是一陣憤怒的呼喊……

誰也沒能逃出納粹的魔掌。但小女孩純眞無邪的話卻撞痛了人們的心，讓他們在死亡之前找回了人性的尊嚴和力量。暴力眞的能摧毀一切？不，在天眞無邪的愛和人性面前，暴力讓暴力者看到自己的醜惡和渺小。

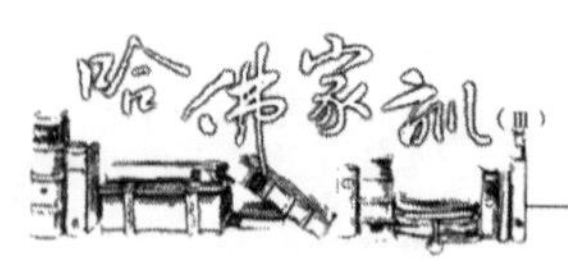

納粹可以埋葬小女孩的身體，卻埋葬不了她的聲音；罪惡能摧毀一個弱小的生命，但摧毀不了她心裏的希望。

媽媽找不到她了，但世界找到了她——世界從她那裏找到了生命的力量和信念。

蘋果裏的星星

詹妮回到家裏，向父母講述幼稚園裏發生的故事：「爸爸，你知道嗎？蘋果裏有一顆星星！」

「是嗎？」父親輕描淡寫地回答道。他想，這不過是孩子們的想像罷了，或者老師又講了什麼童話故事。

「你是不是不相信？」孩子打開抽屜，拿出一把小刀，又從冰箱裏取出一個蘋果。

「爸爸，我要讓你親眼看看。」她信心十足地說。

「我知道蘋果裏面是什麼。」父親不以爲然地回答。

「來，還是讓我切開給您看看吧。」孩子邊說邊切蘋果。

「切錯了！」父親制止道。我們一貫「正確」的切法，是從蘋果的頂部切到底部，而詹妮卻是把蘋果橫放著，攔腰切下去。

她沒有在意父親的話。她把切開的蘋果伸到父親面前：「爸爸你看，裏面是不是有一顆星星？」

父親很驚訝，他從來不知道蘋果裏還藏有一顆星星，因爲，他從來沒有對蘋果採取過另一種切法。

活在俗成的習慣之中，我們肯定錯過了許多意外的驚喜。

不要等著「錯誤」來為我們開闢新路，主動嘗試一下，我們的生命就會更加寬廣！

為什麼不呢？你永遠不知道下一秒鐘會有什麼奇蹟！

沙灘上的玻璃片

特洛伊神情沮喪地走在海灘上，最近她的成績一直很糟糕，每次考試只能得C，她對自己似乎有點絕望了。

特洛伊漫無目的地走著，突然，發現一雙光腳從一張被露水沾濕的報紙下伸出來。她毛骨悚然地站著，雙手緊緊抓著衣角。這時，她看見一隻腿動彈了一下，接著，一隻胳膊露了出來。隨後，他一把扯開報紙，整個人露了出來。

「早上好！」這個人坐了起來，看見特洛伊就大聲問候她。

特洛伊後退了兩步。這個人的聲音聽起來倒不兇，可他那沾滿沙子的腦袋，鬍子拉碴的模樣，著實讓人害怕。

「去吧，」他說，「如果你看我的樣子很嚇人，就趕快跑開吧，我不會追你的……你似乎有點心情不好，我知道，小女孩也有心情不好的時候，對嗎？」

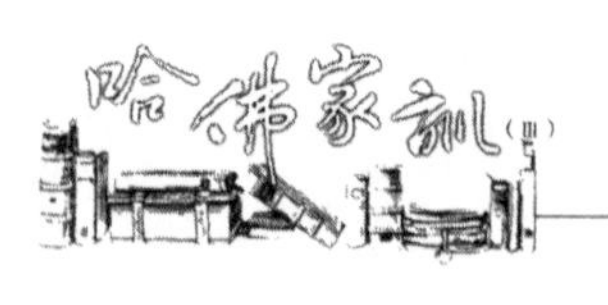

特洛伊看著他，默不作聲。

他解開自己的鞋帶，從鞋子裏倒出一股細沙。「我深表謝意，因爲你叫醒了我。我喜歡這樣的生活方式，自由、浪漫、輕鬆……當然，在你看來，我不過是一個流浪漢而已。」

特洛伊慢慢地搖搖頭。他微笑著，突然間顯得年輕了許多。「我光顧談自己了，現在來談談你吧。你會成爲一個大人物的，我相信。不然，你也不會站在這兒啦——你早就跑走了。但是你沒跑，你是個有主見的孩子。」

特洛伊只是瞪眼瞧著他，但不知道該說什麼。一種巨大的憐憫、溫情和理解突然湧上心頭——自從父親去世後，特洛伊很久都沒有體驗過這種感情了。

「來吧，」他哄著她，「告訴我，你將來想幹什麼？演員？畫家？音樂家？作家？——也許，你還不知道？不知道更好，一切都在前面。可是，你得聽著——」

他朝前探一下身子，「我要告訴你一個秘密，一個我知道得太晚的秘密。未來取決於自己的想法——你怎麼看它，怎麼尋找它？人們說，鑽石又美又名貴，當然，這沒錯。可是，就在這兒——」他抓起一把細沙，「這兒也有成千上

萬顆鑽石，只要你深入其中去發現……瞧這個！」他拿起一塊玻璃碎片遞給特洛伊，它的稜角已經被海水和沙子磨光了。「別人會說，它毫無用處。可是，把它對著太陽瞧瞧！它綠得像寶石，神秘得如翡翠，光潔得像璧玉！難道不是嗎？」

一隻海鷗尖叫著飛來，在他們頭頂盤旋，寬大的翅膀在晨光中飄盪著。「看那裏，」他指著海鷗，「你應該像海鷗那樣，在高高的地方飛翔，不要害怕暴風雨，不要放棄哪怕只是針尖一樣大的希望。孩子！要努力尋找，努力抓住晨光的雙翅。」

特洛伊仔細看了看手裏那塊碎玻璃片，對著太陽它眞的很漂亮。「要努力尋找，努力抓住晨光的雙翅。」她記著這句話往前走，從此一步步走向了成功。特洛伊永遠記得那天早晨，記得那個看似奇怪的人。而且，她一直保留著那塊玻璃片。

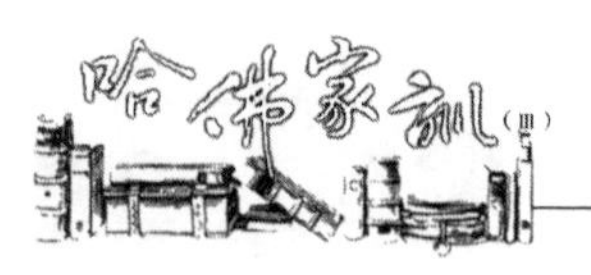

如果我們手裏只有一塊碎玻璃片，不要把它沮喪地丟進大海。舉起它，對著陽光，你就會看見另一種人生景色。

一陣風會給我們指引方向，一團泥土會向我們展示生命的奧秘——學會傾聽這個世界，真理的聲音有時會從看似很平凡的事物中發出。

在地球上挖個洞

兩個小兄弟決定在屋後挖一個深洞。他們正挖得開心時，兩個大人停在一邊看熱鬧。「你們在幹什麼呢？」一個大人問道。「我們打算挖一個洞，一直把地球挖穿！」小兄弟中有一個興奮地答道。

大人笑起來，告訴孩子們說，「要把地球挖穿是不可能的」。

沉默了好一會兒，一個孩子拾起一個裝滿蜘蛛、螞蟻和各種昆蟲的罐子。他拿掉罐蓋，把裏面的精采內容展現在嘲弄者面前，然後輕聲卻自信地說：「即使我們不能把地球挖穿，可瞧瞧我們挖到了什麼吧！」

孩子們仍然繼續著自己宏偉的計畫，因爲他們並不認爲「挖穿地球是不可能的」。洞越挖越深，他們小罐子裏的寶貝也越來越多。

終於有一天，他們停止了挖掘，並不是因爲「不能挖穿地球」，而是他們覺

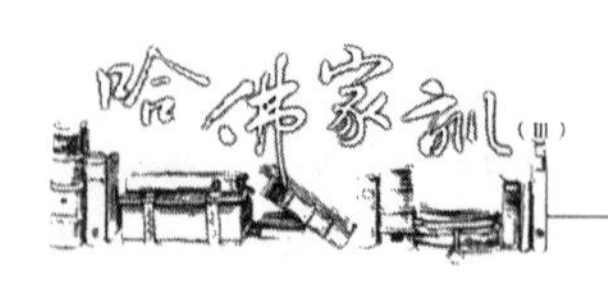

得已經收集了足夠多的「好東西」——現在他們發現，看著這些寶貝，比看到把地球挖穿更有意思。

一個宏偉的目標促使他們行動起來，但在行動中，他們發現了更好的圖景。

並非所有的目標都會實現，並非所有的事業最終都能成功，並非所有的希望都能得到滿足，並非所有的努力都有圓滿結局。

當你達不到目標時，也許你可以這麼說：「沒錯兒，但瞧我這一路上的奇妙發現！看看我的努力帶給生活的精采！」

孩子的生活裏有很多奇妙的計畫和想法，但他們的終極目標只有一個，那就是：快樂。所以，孩子才是人類的生活大師。

如果你挖不穿地球，但你還可以得到螞蟻，得到甲殼蟲，得到驚喜和笑聲。其實，這幾乎就是生活的全部。

生活其實也是一個挖掘的過程，真正重要的是樂在其中。

媽咪，瞧那個人

雨下得無休無止，像是要下到永遠。邦德家的孩子們嘀嘀咕咕地發出埋怨，因爲他們只能待在屋子裏，好多天哪兒也去不了。

在孩子們的強烈要求下，媽媽答應把他們帶出來，到購物中心旁邊的電影院看電影。

邦德排在隊伍中買票，媽媽和其他孩子們在電影院門前等候，一邊觀看來去擁擠的人群。

他們三歲的兒子——喬一直在觀察旁邊的人，忍不住對經過的每一個人都評頭論足。

「爲什麼那個男孩有一把傘，而他前面的那個沒有？」

「瞧那個玩具人希曼。我喜歡那個顏色，那是他媽媽買給他的嗎？」喬指著

一根柱子旁的男孩說。

「快看看那個女孩手裏的藍色氣球……」

突然，喬看見了一個人，他頓時閉了嘴。那也是一個小男孩，比喬要大幾歲的樣子，小男孩正坐在輪椅裏，被人推了過來。

喬仔仔細細打量那個男孩：他腿上裝了支架，頭歪斜在一邊，笑容扭曲，還流著口水。

當那個男孩被他媽媽推得更近時，邦德太太屏住了呼吸，她希望喬能在這一刻保持安靜，別再盯著人家，她甚至打算馬上拉著兒子離開這裏。

當男孩近到可以聽清他們說話的距離時，看見了正饒有興致盯著他的喬，喬也注視著那個男孩。

邦德太太擔心地望著兒子：喬，千萬別說出讓人尷尬的話呀！

喬更認真地看著那個男孩，然後抬頭望著媽媽，微笑著說：「媽咪，你瞧，那個男孩戴了一頂跟我一模一樣的帽子！」

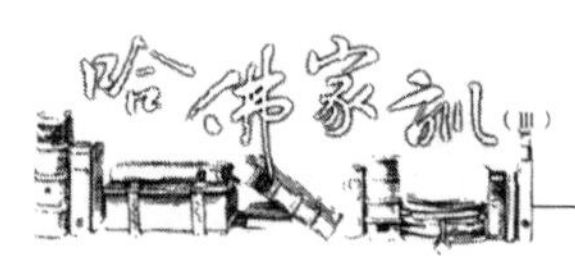

一頂相同的帽子，讓兩個同樣可愛卻有著不同命運的孩子，站在了平等的生命舞臺上。

世界上最善良的是童心，年僅三歲的喬，已經知道怎樣體諒別人的苦難。在他稚嫩的驚叫聲背後，藏著一顆讓我們肅然起敬的心靈。

畫家和他的孫女

一位著名的畫家有一個六歲的孫女，她也很喜愛畫畫。

孫女畫了一棵樹。

畫家說：「孫女，你畫的樹不對。」

孫女說：「怎麼不對呢？」

畫家說：「樹枝不對。」

孫女說：「樹枝怎麼不對呢？」

畫家說：「樹枝怎麼能比樹幹還粗呢？」

孫女說：「樹枝怎麼不能比樹幹粗呢？」

畫家說：「那就不是樹了。」

孫女說：「不是樹你怎麼說它是樹呢？」

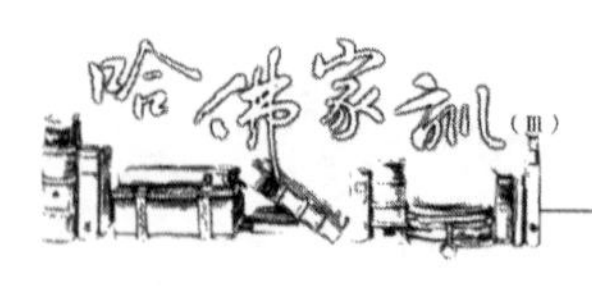

畫家一愣，突然無話可說。

孫女畫了一隻小兔子。

畫家說：「孫女，你畫的那隻小兔子不對。」

孫女說：「怎麼不對呢？」

畫家說：「兔子有紅色的嗎？」

孫女說：「兔子怎麼會沒有紅色的呢？」

畫家說：「你見過紅色的兔子嗎？」

孫女說：「沒有見過。」

畫家說：「那紅色就不是兔子了。」

孫女說：「不是兔子你怎麼說它是兔子呢？」

畫家無話可說。

孫女又畫了一匹馬。

畫家說：「孫女，你畫的那匹馬不對。」

孫女說：「怎麼不對呢？」

畫家說：「馬有翅膀嗎？」

孫女說：「馬沒有翅膀。」

畫家說：「那你為什麼給馬畫了翅膀呢？」

孫女說：「我想讓馬長出翅膀來。」

畫家說：「那就不是馬了。」

孫女說：「不是馬你怎麼說它是馬呢？」

畫家又沒話可說了。

孫女還畫了一隻老母雞。老母雞下了一個蛋，那個蛋比老母雞還大。

畫家說：「你畫的那個蛋不對。」

孫女說：「怎麼不對啦？」

她拿著那張畫去參加國際兒童畫展，結果得了一等獎。

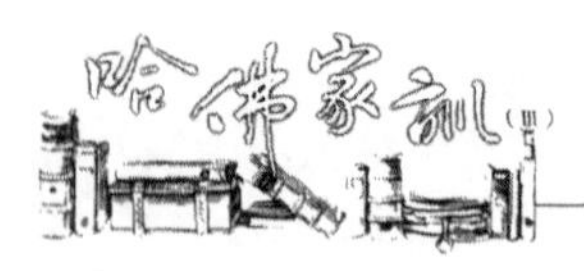

只有孩子不受知識、經驗和功利的羈絆，所以，只有孩子的想像才是真正的想像。

同樣一個世界，為什麼有的人能夠活得生趣盎然？因為生活就是藝術，而「有的人」永遠都有一顆不被世俗鏽蝕的赤子之心。

裝滿小屋的東西

一位睿智的父親，為了考驗三個兒子的聰明才智，經過苦心設計，想出了一道試題，限他們在十天內完成。

父親分別給三個兒子每人一百塊錢，要他們用這些錢去買他們所能想到的任何東西，這些東西必須能夠裝滿一個佔地一百平方公尺的大倉庫。

長子思考了三天，最後拿一百塊錢買了一捆捆棉花。他將棉花散開，希望能裝滿倉庫，但是，這些棉花連倉庫的一半都沒有裝滿。

老二想了五天，決定用一百塊錢購買最便宜的稻草。結果，由於倉庫太大，依然沒裝滿倉庫的三分之二。

第十天，老三將父親請到庫房，他把所有的窗戶關上，然後將大門也牢牢關好，整個倉庫霎時變成一團黑暗。他從口袋中拿出一包火柴，不慌不忙地點

燃了一支蠟燭。

頓時，倉庫的每一個角落，都充滿了蠟燭溫暖的光芒。父親高興地將兒子摟在懷中。

世界上最遼闊的是天空，比天空更遼闊的是大海，比大海更遼闊的是我們的心，比心更遼闊的是智慧的光芒。

生活中總會有難題，總會有迷失方向的時候，只要心中有一支蠟燭，我們就什麼也不害怕。

一雙手套和一雙鞋

一天，老師講完聖誕老人的故事後，問學生：「如果聖誕老人在聖誕夜給大家送禮物，你們希望得到什麼？」

教室裏的氣氛一下子活躍起來，孩子們一個個爭先恐後搶著回答。有要芭比娃娃的，有要一個小妹妹的，有要一個史努比的，還有的學生想要一片花園……

只有一個男孩子，靜靜坐在座位上一句話都不說，這種熱鬧的場面好像與他無關。

他叫韋德，出生不久便沒了母親，父親在他三歲時也不幸病逝，他是靠奶奶一手養大的。韋德家很窮，但他很懂事，在班裏不僅人緣好，成績也總是名列前茅。

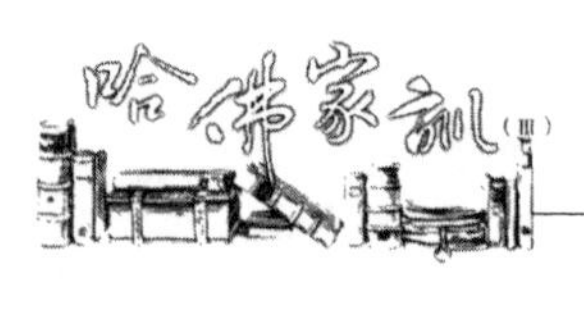

老師見韋德不吭聲，就走到他跟前，說：「韋德，你呢？你最希望得到什麼禮物？」韋德慢慢站起來，低著頭說：「老師，我家的房子沒有煙囪，聖誕老人能從哪兒進去啊？」他低低的語調含著憂傷。

老師一怔，沒想到是這樣的問題困住了韋德。老師想了想，微笑著告訴他，聖誕老人無所不能，自會有辦法把禮物送到每個人的手裏。

韋德抬起頭，眼神顯得明亮起來，他抑制不住興奮地說：「要是那樣的話，我想要一雙棉手套和一雙棉鞋！」

孩子們「轟」地一聲笑了，這個願望太微不足道了。韋德也笑了，笑得眞摯、純潔。

「爲什麼？」老師突然覺得，這個矮小又窮困的孩子，一定有他自己的願望，絕對不會像聽起來那樣簡單。

「老師的手要寫字，一定很冷，有了棉手套就暖和了；奶奶的腳被凍壞了，我希望她能穿上棉鞋。」韋德稚嫩的聲音在教室上空盤旋著，學生們頓時安靜了下來，一個個若有所思地抿緊嘴唇，似乎有什麼東西敲擊著他們的心靈。

「老師，我的襪子是補過的，很舊，聖誕老人會往裏面放禮物嗎？」

忽然，韋德又想起什麼似的沮喪地問道。老師還沒有來得及回答，孩子們已經紛紛站起來，自告奮勇地說過年時要把自己的新襪子送給韋德，平時最調皮的幾個學生這時也認真起來。

看著這些可愛天眞的孩子，老師的淚水止不住流下來……模糊的淚光中，她看到有一雙溫暖的小手正拿起她冰冷的雙手，貼在他暖暖的小臉上。

即使再貧困的日子，也剝奪不了孩子奉獻愛心的激情和願望。

愛其實和富有或貧窮沒有關係。愛是一粒奇特的種子，無論把它放在哪裏，它都能生長。

習慣

決定成敗的細節

艾力克，趁媽媽化妝的時候，我爭取看完十六版《財經新聞》，你呢，爭取完成一幅畫，或者寫一篇日記。這比站在門口不斷地催她要好得多——我們無法知道她到底還需要多長時間。

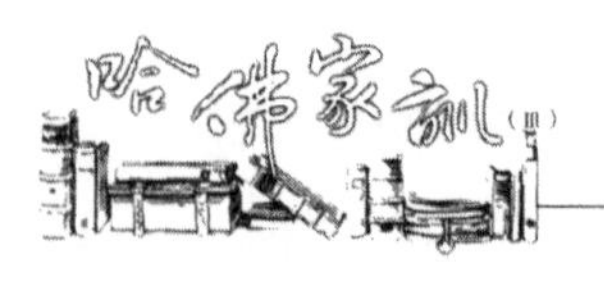

費莉絲家的學習課

費莉絲的父親出身於貧苦的農家，只讀到五年級，家裏就要他退學到工廠做工去了。

從此，世界便成了他的學校。他對什麼都感興趣，他閱讀一切能夠得到的書籍、雜誌和報紙；他愛聽鎮上鄉親們的談話，以了解這個偏僻小鎮以外的世界。

費莉絲父親的好學精神和強烈的求知欲望，不但一直伴隨著他自己的生活，而且他還把這種精神傳給了家人和孩子——他決心要讓家中的每一個人都熱愛知識，接受良好的教育。

費莉絲的父親認爲，人最不可寬恕的事情是：當晚上睡覺時，還同早晨醒來時一樣無知。他常說：「該學的東西太多了，雖然我們出世時愚昧無知，但只有蠢人才永遠如此。」

爲了防止孩子們墮入自滿的陷阱，父親要大家每天必須學一樣新的東西，晚飯的餐桌就是他們交流新知識的場所。

每天，家中的每個人必須有一項「新知」之後，才可以吃晚飯。餐桌上，父親的目光會停在他們當中某個人身上。

「費莉絲，告訴我你今天學到了什麼？」

「我今天學到的是尼泊爾的人口……」

大家頓時鴉雀無聲。

費莉絲一向都覺得奇怪，不論大家所說的是什麼內容，父親都不會認爲瑣碎無聊。

「尼泊爾的人口？嗯，好！」

接著，費莉絲的父親會看看坐在桌子另一端的母親。

「孩子的媽，這個答案你知道嗎？」

母親的回答總會使嚴肅的氣氛變得輕鬆起來。「尼泊爾？」她說，「我非但不知道尼泊爾的人口有多少，我連它在世界上什麼地方也不知道呢！」當然，這種回答正中父親下懷。

「費莉絲，」父親又說，「把地圖拿來，我們來告訴你媽媽尼泊爾在哪裏。」於是，全家人開始在地圖上尋找尼泊爾的位置。

費莉絲當時只是個孩子，一點兒也覺察不出這種教育的妙處。其實，她內心正迫不及待地想走出屋外，跟小朋友一起玩遊戲。

如今回想起來，費莉絲才明白父親給她的是一種多麼生動有力的教育。在不知不覺中，他們全家人共同學習、一同前進。

費莉絲進入大學不久，便決定以教師爲終身職業。在求學時期，她曾追隨過幾位最著名的教育家，但令她感到有趣的是，那些教授教導她的，正是父親早就要求她知道了的東西。

學習如果只是孩子的事情，它可能就是一種勞役；學習如果是孩子和父母共同的事情，它就變成一種樂趣；當學習成為一個家庭每個人的事情時，它就成為一種甜美的生活。

老紳士的考驗

一位非常富有但脾氣古怪的老紳士想要找一個男僕。他的要求是，這個年輕人必須是個有教養的人。很快老紳士就收到近百封求職信，他逐一對這些孩子進行考核後，確定四個小夥子來參加最後的面試。

老紳士提前準備了一間房子，要求四個人先後進屋，各自在屋裏坐一會兒。

查理斯第一個進入房間。剛開始的時候他非常安靜，過了一會兒，他看見桌子上擺放著一個罩子，好奇心讓他很想知道這個罩子下面到底是什麼。於是查理斯站起來掀開了罩子，原來裏面是一堆白色的羽毛。他急忙把罩子蓋下去，可是輕輕的羽毛卻被風吹得滿房間亂飛。他想拾起羽毛放回桌上，結果弄得地上越來越多。

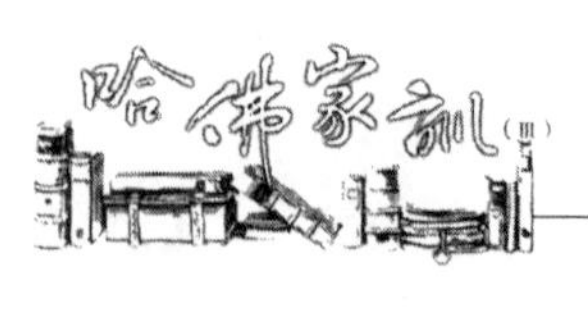

老紳士在隔壁的房間看得很清楚，結果查理斯落選了。

亨利是第二個進入房間的人。他剛一走進去就被一盤誘人的、熟透的櫻桃吸引了。「這麼多櫻桃，吃掉一顆，別人是不會發現的。」亨利心裏想著，於是就順手拿起了一個最大的櫻桃放進了嘴裏。但是這個櫻桃的滋味並不像他想像的那樣甜，而是非常酸澀，他忍不住把櫻桃吐了出來。

亨利被打發走了。

接下來的是魯弗斯．馬克，他走進屋在椅子上坐了一會兒，四處打量這間裝飾精美的房間。他看到櫃子上有一排抽屜，其中一個沒有上鎖，於是決定拉開那個抽屜看看裏面究竟有什麼好玩的東西。但是，他剛剛將手放在抽屜的把手上，就響起了一陣刺耳的鈴聲。

老紳士走進屋，氣憤地把魯弗斯．馬克趕出了房間。

最後一個進入房間的男孩名叫哈里．傑克遜。他在房間的椅子上靜靜地坐了二十分鐘，沒有四處張望，也沒有到處亂動。半個小時後，老紳士進來了。「我屋裏有那麼多新奇的東西，難道你不想看一看嗎？」他對哈里說。「不，先生，沒有你在場，沒得到你的允許，我是不能動任何東西的。」哈里回答說，

「這是我媽媽告訴我的，她說，無論何時何地都不能對別人的東西產生好奇。」

老紳士熱情地擁抱了哈里，說道：「好孩子，如果你願意，請留下來吧！」

哈里一直服侍著老紳士，他們像父子般一起生活了很多年。當老人去世的時候，他給哈里留下了很大一筆遺產，從此以後，哈里過著富裕幸福的生活。

很多人都有窺探的衝動，尤其是孩子。這種衝動起初只是無意識行為，不過是一種好奇；但這種好奇會發展成為習慣，變為一種癖好；有一天，當這種習慣變成性格的時候，就成了可怕的貪婪。

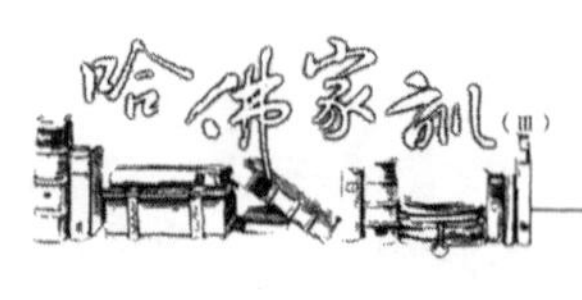

拿破崙的鼓手

在馬林果戰役的前夕，拿破崙坐在營帳裏，凝視著面前攤開的義大利地圖。他把四枚釘子放在地圖上，一邊挪動釘子，一邊思考著。

過了一會兒，他自言自語地說：「現在一切都好了，我要在這裏抓住他。」

「抓住誰？」身旁的一個軍官問道。

「墨拉其，奧地利的老狐狸，他要從熱那亞回來，路過都靈，回攻亞歷山大里亞。我要渡過波河，在塞爾維亞平原迎著他，就在這兒打敗他。」拿破崙的手指向馬林果。

但是，馬林果戰役打響後，法軍受到敵軍強有力的抵抗，最後竟只剩招架之力，拿破崙精心籌措的勝利前景眼看就要成爲泡影。

正在法軍敗退之際，拿破崙手下的將領德撒帶著大隊騎兵馳過田野，停在拿破崙站著的山坡附近。隊伍中有一個小鼓手，他是德撒在巴黎街頭收留的流浪兒，在埃及和奧國戰役中一直在法軍中作戰。

當軍隊站住時，拿破崙朝小鼓手高喊著：「擊退兵鼓！」

這個孩子卻一動沒動。

「小流浪漢，擊退兵鼓！」

小鼓手拿著鼓槌向前走了幾步，大聲說道：「大人，我不知道怎麼擊退兵鼓，德撒將軍從來沒有教過我。但是我會擊進軍鼓！是的，我可以敲進軍鼓，敲得讓死人都排起隊來。我在金字塔敲過它，在泰泊河敲過它，在羅地橋也敲過。大人，在這裏我可以也敲進軍鼓嗎？」

拿破崙無可奈何地轉向德撒：「我們吃敗仗了，現在可怎麼辦呢？」

「怎麼辦？打敗他們！要贏得勝利還來得及。來，鼓手，敲進軍鼓，像在泰泊和羅地那樣敲吧！」

不一會兒，隊伍隨著德撒的劍光，隨著小鼓手猛烈的鼓聲，向奧地利軍隊橫掃而去，他們不惜流血犧牲，把敵人打得一退再退。德撒在敵人的子彈中倒下了，但是隊伍並沒有動搖。當炮火消散時，人們看到那個小鼓手走在隊伍的

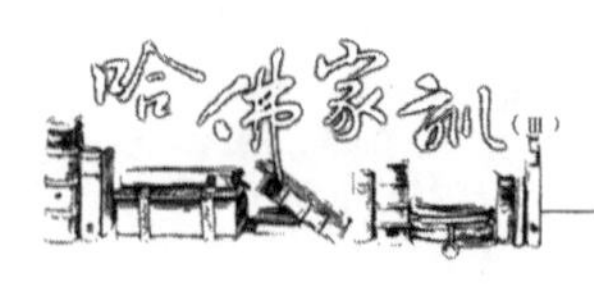

最前面，他筆直地前進，仍舊敲著激昂的進軍鼓。他越過死人和傷患，越過營壘和戰壕；他的腳步從容不迫，鼓聲激昂有力，他以自己勇敢無畏的精神開闢了勝利的道路。

勇敢是美德，但勇敢並不是天生的，它是訓練與培養的結果。一個人如果養成了浩然正氣，雖面對大敵千萬也敢獨往。

勇敢可以成為一種習慣，當人生遇到難過的「高坎」時，是擊「進軍鼓」還是擊「退軍鼓」？這時，你的習慣會幫你決定。

早安，朋友

威甘德登上了南行的「151」號公共汽車，憑窗而望，芝加哥的冬日景色實在一無是處——樹木枯萎，融雪遍地，汽車濺灑著污水泥漿艱難前行。

公共汽車在風景區林肯公園裏行駛了幾公里，可是誰都沒有朝窗外看。乘客們穿著厚厚的衣服擠在車上，全都被單調的引擎聲和車廂裏悶熱的空氣弄得昏昏欲睡。

誰都沒有作聲。這是在芝加哥搭車上班的不成文規矩之一。威甘德每天碰到的大都是這些人，大家都寧願躲在自己的報紙後面。此舉所象徵的意義非常明顯：大家在利用幾張薄薄的報紙來保持距離。

公共汽車駛近密歇爾大道一排閃閃發光的摩天大廈時，一個聲音突然響起：「注意！注意！」

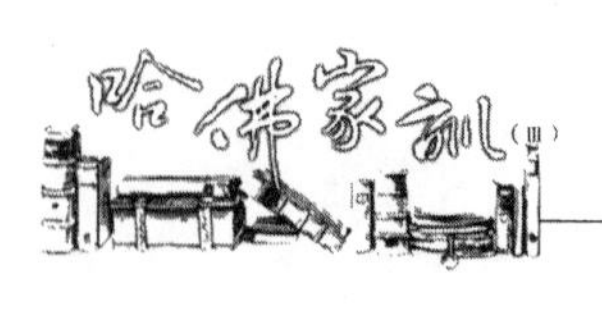

報紙刷刷作響，人們一起伸長了脖子。

「我是你們的司機。」

車廂內鴉雀無聲，人人都瞧著司機的後腦勺，他的聲音似乎很有威嚴。

「請你們全都把報紙放下。」

報紙慢慢地放了下來。司機等待著乘客們把報紙折好，放在大腿上。

「現在，請轉一下頭，面對坐在你旁邊的那個人。轉啊！」

使人驚奇的是，乘客們全都這樣做了，但是，仍然沒有一個人露出一絲表情。他們只是盲目地服從。

威甘德面對著一個年齡較大的婦人，她的頭用紅圍巾包得緊緊的。威甘德幾乎每天乘車都看見她，但從來沒打過招呼。他們彼此對視，目不轉睛地等候司機的下一個命令。

「現在跟著我說……」那是一道用軍隊教官的語氣喊出的命令——「早安，朋友！」

人們的聲音很輕，很不自然。對其中許多人來說，這是今天第一次開口說話。可是，他們像小學生那樣，齊聲對身旁的陌生人說了這幾個字。

大家都情不自禁地微微笑了，他們突然大鬆了一口氣，知道不是被綁架或搶劫。而且，人們還隱約地意識到，以往他們怕難為情，連普通禮貌也不講，現在這靦腆之情一掃而去，彼此間的界限消除了。「早安，朋友。」這句話說起來一點兒也不困難。有些人隨著又說了一遍，有些人還彼此握了一下手。

隨後，許多人都大笑起來。

司機沒有再說什麼，他已無須多說。沒有一個人再拿起報紙，車廂裏一片談話聲，你一言，我一語，熱鬧非凡。後來，大家聽到了歡笑聲，這是以前從未聽到過的熱情洋溢的聲音。

人與人的隔膜，往往只是一張薄薄的「紙」，但基於各種原因，就是沒有人來捅破它。於是大家天天在一起，卻永遠彼此陌生。

把遮著臉的報紙放下，把遮著心的顧慮和矜持撕碎，與陌生人說一聲「你好」，世界馬上就變得溫馨起來。

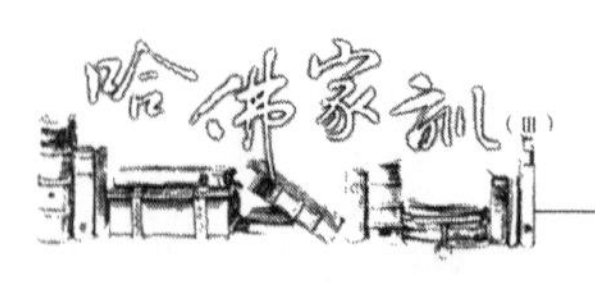

韋恩的魅力

韋恩是羅賓見到的最受歡迎的人士之一。一天晚上，羅賓參加一個小型社交活動，碰巧發現韋恩和一個漂亮女孩正坐在一個角落裏交談。出於好奇，羅賓遠遠地觀察了一段時間，發現那個年輕女士一直在說話，而韋恩只是偶爾笑一笑，有時讚許地點點頭，有時發一聲感歎。幾小時後，他們起身，謝過主人後相伴離開。

第二天，羅賓見到韋恩時禁不住問道：「昨天晚上，我在斯旺森家看見你和一個迷人的女孩在一起，她好像和你談得很高興，很投入。你是用什麼魅力吸引了她？」

「很簡單，」韋恩說，「斯旺森太太把喬安小姐介紹給我，我對她說，你的皮膚曬得眞漂亮，你去過哪裏？普羅旺斯還是夏威夷？」

「夏威夷，她說。夏威夷永遠都風景如畫，你能把一切都告訴我嗎？我說。當然，她回答。於是，我們就找了一個安靜的角落，接下來的兩個小時她一直在談夏威夷。」

「今天早晨喬安打電話給我，說她很喜歡和我在一起，她希望再見到我，因爲我是最好的談伴。」

看出韋恩受歡迎的秘訣了嗎？韋恩和別人交往沒有什麼特別的法寶，只是習慣讓別人談自己，而他就只管密切關注著對方的講話——僅此而已。

自以為聰明的人，讓別人聽自己說話；真正聰明的人，讓自己聽別人說話。

交際的最佳方式是——真誠地看著對方的眼睛，專注地傾聽。

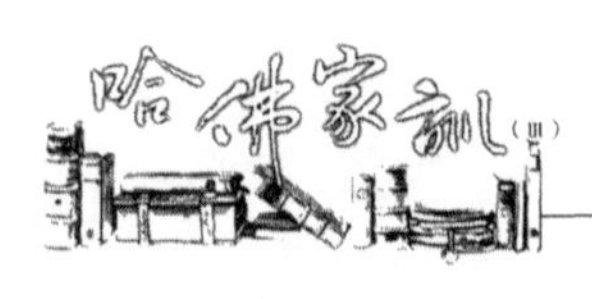

五分鐘造就一生

卡爾．華爾德曾經是美國近代詩人、小說家和出色的鋼琴家愛爾斯金的鋼琴教師。有一天，卡爾給愛爾斯金教課的時候，忽然問他：「你每天總共要練習多長時間鋼琴？」

愛爾斯金說：「大約三四個小時。」

「你每次練習間隔的時間都很長對嗎？」

「我想是這樣，每次差不多一個小時，至少也是半個小時以上。我覺得這樣才好。」

「不，不要這樣！」卡爾說，「你將來長大以後，每天不會有很長的空閒時間。你應該養成一種用極少時間練習的習慣，一有空閒就幾分鐘幾分鐘地練習。比如在你上學之前，或在午飯之後，或在工作的休息中間，哪怕五分鐘也

去練習一下。把短時間的練習分散在一天裏，如此，彈鋼琴就成了你日常生活中的一部分了。」

十四歲的愛爾斯金因爲聽了卡爾的忠告，使自己日後得到了不可估量的益處。

當愛爾斯金在哥倫比亞大學教學的時候，他想兼職從事創作。可是上課、閱卷、交際等事情把他白天和晚上的時間完全佔滿了。差不多有兩個年頭，他一字不曾動筆，他一直苦惱的是「沒有時間」。

有一天，他突然又想起了卡爾．華爾德先生告訴他的話，於是到了下一個星期，他就重新開始實踐「短時間練習法」，只要有五分鐘左右的空閒，他就坐下來寫作，每次一百字或短短的幾行。

出人意料，在那個學期終了的時候，愛爾斯金竟寫出了厚厚的一堆手稿。

後來，愛爾斯金用同樣積少成多的方法，創作了長篇小說。他的授課工作雖每天都很繁重，但是他每天仍有許多可利用的短暫餘暇用來寫作和練習鋼琴。愛爾斯金驚奇地發現，每天無數個幾分鐘的時間，足夠他完成創作和彈琴兩項工作，而且最後都取得了豐碩的成果。

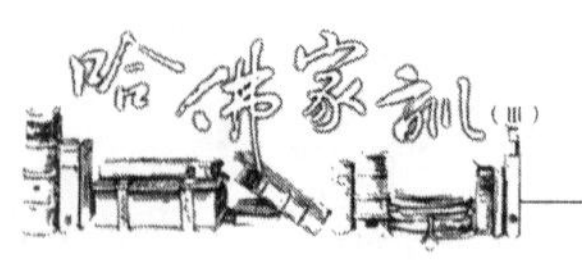

當「沒有時間」成為我們無所作為的藉口時，平庸就會伴隨我們一生。如果我們總想用一塊完整的時間去做一件事，那我們可能永遠一事無成。

時間像海灘上的沙粒，要一點一點地抓取，積累很多的時候，我們才知道它的分量。

交換人生

一個體弱的富翁，一個健康的窮漢，兩人都相互羨慕對方。富翁為了得到健康，樂意出讓他的財富，窮漢為了富有，隨時願意捨棄健康。

一位外科醫生發現了人腦的交換方法，富翁趕緊提出和窮漢交換腦袋的想法。這樣，富翁會變窮，但能得到健康的身體；窮漢會富有，但將與病魔相伴。

手術終於成功了。窮漢成為有錢的富翁，富翁成了一個健壯的窮漢。

成了窮漢的富翁由於有了強健的體魄，因為他有著成功的意識，漸漸地又積起了財富。可同時，他總是擔憂著自己的身體，一感到些微的不適便心驚膽戰。由於他總是那樣擔驚受怕，久而久之，換來的好身體漸漸垮掉了。

變成了富翁的窮漢總算有了錢，但身體孱弱。然而，他總是忘不了自己是

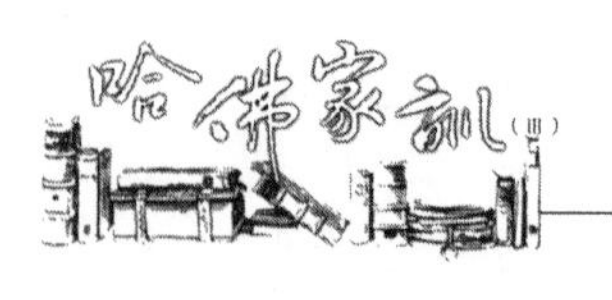

個窮人，他不想用換腦得來的錢建立一種新的生活，而是不斷地把錢浪費在無用的投資裏，不久便揮霍一空，又變成原來的窮漢。由於他無憂無慮，疾病不知不覺消失了，他又像以前那樣有了一副健康的體魄。

最後，兩人都回到了原來的模樣。

要改變世界，必須先改變自己。

我們的生活並非本來如此，只是我們以為它就是如此——人生的情景總是按照你認定的樣子出現。

因為我們總是這樣，我們就永遠無法那樣。

你抽煙嗎

老師發現四名學生偷著抽煙，就分別叫他們進辦公室談話。

第一個學生進來。

老師問：「你抽煙嗎？」

學生回答：「不抽。從來不抽。」

老師說：「那好，吃根薯條吧。」

說著拿出一包炸薯條，取出一根，遞給學生。

學生連忙伸出食指和中指夾住。

老師怒斥道：「抽了煙竟然還撒謊！回去叫家長！」

第一個學生出去了。一會兒，第二個學生進來。

老師問：「你抽煙嗎？」

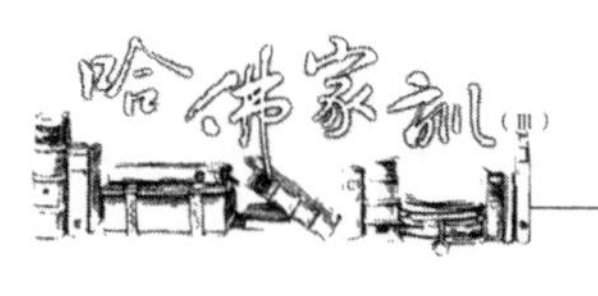

學生回答：「不抽。我可以發誓。」
老師說：「那好，吃根薯條吧。」
說著取出一根薯條，遞給學生。學生用拇指和食指接住。
老師又說：「蘸點兒蕃茄醬吧。」
老師取出一小碟蕃茄醬，學生蘸了一下，蘸多了，於是輕輕地在碟子邊上彈了彈。
老師怒斥道：「竟敢對我撒謊！回去叫家長！」
第二個學生出去了。接著，第三個學生進來。
老師問：「你抽煙嗎？」
學生回答：「不抽。眞的不抽。」
老師說：「那好，吃根薯條吧。」
說著取出一根薯條，遞給學生。學生用拇指和食指接住。
老師又說：「再蘸點兒蕃茄醬吧。」
學生蘸了一下，蘸多了，輕輕在碟子邊刮了一下。
老師說：「好了，沒事了。再拿幾根給你同學吃吧。」

學生默默地拿了兩根，回頭邊往外走邊把薯條夾到耳朵上。

老師怒斥道：「敢撒謊！回去叫家長來！」

第三個學生出去了。接著，第四個學生進來。

老師問：「你抽煙嗎？」

學生回答：「不抽。天地作證。」

老師說：「那好，吃根薯條吧。」

說著取出一根薯條，遞給學生。學生用拇指和食指接住。

老師又說：「再蘸點兒蕃茄醬吧。」

學生蘸了蕃茄醬，多了，輕輕在碟子邊刮了一下。

老師說：「好了，沒事了。再拿幾根給你同學吃吧。」

學生默默地拿了兩根，面含得意地走了出去。

老師突然叫道：「校長來了！」

學生立即把薯條丟在地上，然後用雙腳用力碾碎。

老師怒斥道：「大膽！竟敢撒謊。快去叫家長來！」

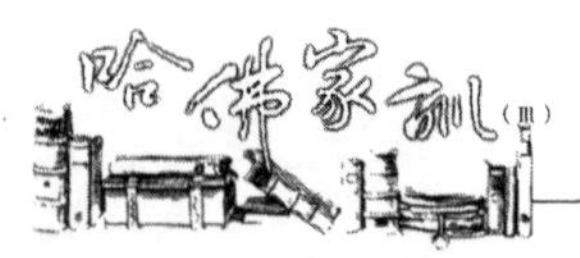

惡習一旦養成了，就會如影隨形，永遠無法擺脫。不管你多麼善於偽裝，習慣卻怎麼也藏不住自己的尾巴。

好的習慣就像錦上花朵，壞的習慣卻如江堤蟻穴。

十秒鐘驚險鏡頭

幾年前，德國一家電視臺推出一項徵集「十秒鐘驚險鏡頭」的活動。在諸多的參賽作品中，一個名叫《臥倒》的「十秒鐘驚險鏡頭」奪得冠軍。

這個作品在電視臺播出的那天晚上，很多德國人都坐在電視機前觀看。十秒鐘後，幾乎每個人的眼裏都滿含淚水，足足肅靜了十分鐘。

鏡頭畫面是這樣的：在一個小火車站，一個扳道工正走向自己的崗位，去爲一列徐徐而來的火車扳動道岔。在鐵軌的另一頭，另一列火車正從相反的方向駛近小站。假如他不及時扳道岔，兩列火車必定相撞，造成不可估量的損失。

這時，他無意中回了一下頭，突然發現自己的兒子正在鐵軌的那一端玩耍，而那列開始進站的火車就行駛在這條鐵軌上！

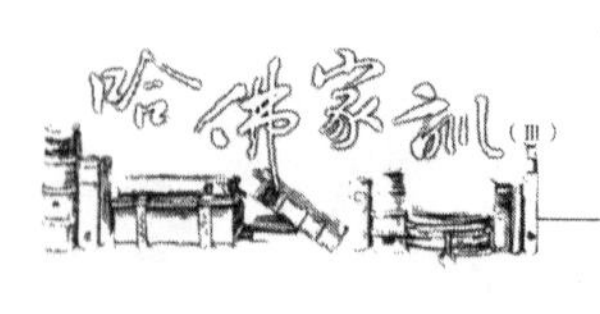

搶救兒子還是避免一場災難──他可以選擇的時間太少了！那一刻，他威嚴地朝兒子高喊了一聲：「臥倒！」同時，衝過去扳動了道岔。

一眨眼的工夫，這列火車進入了預定的軌道。

那一邊，另一列火車也呼嘯而過。車上的旅客不知道，他們的生命曾經千鈞一髮；他們更不知道，一個小生命正臥倒在鐵軌邊上──火車轟鳴著駛過去，上帝保佑，他毫髮未損。

這驚險的一幕，剛好被一個從此經過的電視記者攝入鏡頭。

觀眾猜測，那個扳道工一定是一位非常出色的人。後來人們才知道，他其實只是一個普普通通的工人。許多記者在進一步的採訪中了解到，他唯一的優點就是忠於職守，從沒遲到、早退、曠工或誤工過一秒鐘。

這個故事幾乎使每個人都感到震驚，而更讓人意想不到的是，扳道工的兒子竟然是一個弱智兒童。他告訴記者，他曾無數次和兒子一起玩打仗的遊戲，每次他喊「臥倒」的時候，兒子就會高興地執行這個命令。在生死攸關的那一秒鐘，兒子再次奉命「臥倒」，於是避免了一場天災人禍的事故。

在生死一念之間，是習慣讓一個智商不高的孩子採取了正確的行動。一個快速「臥倒」使他化險為夷。

習慣決定命運。父親忠於職守的習慣改變了兩列火車上旅客的命運，兒子服從命令的習慣又拯救了自己和父親的命運。

閱讀就是生活

美國作家美格庫克指出，培養一個愛好閱讀的兒童是有法可循的。就寢前、家庭旅行、特殊節假日都可以利用。課外書中所強調的容忍、分享、交友等道德價值，甚至恐龍、外星人等新奇事物，或是如何體會別人的感覺、心情等，在眾多的讀物中都可能提供。

從嬰兒期就帶孩子上圖書館。每個星期或每兩個星期帶他們去圖書館借一些書回家，然後，在電冰箱上貼一張「書單表」，在那張表上註明孩子喜歡的主題，譬如：昆蟲類、海底生物、歷史故事等。

爲孩子喜歡的作者過生日。選一個小孩最喜愛的作家，在他生日的那天，家長可以仿照書中描述的特殊情景，和孩子一起爲作家慶祝生日。

在固定的時間送書給孩子。每個月的某一天，悄悄地將贈書放在孩子的枕頭下，有的家長則是在孩子生日時送一套書。家庭旅遊時，讓孩子帶一本心愛的書同行。外出用餐時，也可以帶一兩本書，讓孩子有書可翻。

將閱讀化爲戲劇表演。全家人一起閱讀一本書，每一個人選一個角色，把故事化爲戲劇，全家人一起演戲。

把喜歡的材料編成一本書。陪孩子上網或到閱覽室收集資料，研究特定的選題，然後將這些資料編成一本書。孩子編寫的時候，家長可以幫忙整理，然後和孩子一起修改。

用餐前拿一本書大聲朗誦。飯前拿一本輕鬆幽默的好書，念一段給孩子聽，然後順便告訴他們一些蔬菜和糧食的來歷。

從閱讀到生活。兒童會很自然地挑自己喜歡的閱讀內容，比如你的孩子是棒球迷，你就不妨買一些棒球人物卡，讓他多了解他喜歡的棒球明星。然後，你可以介紹市面上有關棒球方面的雜誌，讓他的閱讀面越來越廣。此外，你可以想辦法讓孩子親自嘗試一下打棒球的樂趣。

背誦詩歌。孩子都喜歡有韻律的詩歌，所以在用餐時，或是就寢前，不妨念一首詩給孩子聽。或是趁著旅行的雅興，寫一首詩記錄行程中的種種趣事，

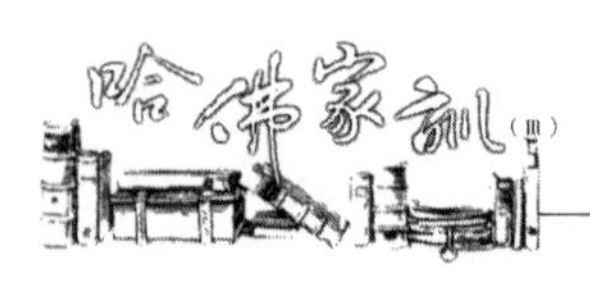

由全家人一起朗誦。

成立家庭讀書會。由家長和孩子成立讀書會，請附近的孩子和家長一起參加。最好和孩子一起選擇適合他們的書籍，尊重他們的選擇。聚會時可以朗誦，也可以討論，要鼓勵孩子發表意見。

特殊節日閱讀相關的書籍。在一些重要的節慶日，選一些和這個節日有關的書和孩子們一起閱讀。

定期到書店購書。固定每個月帶孩子到書店選購一本他喜歡的書，或是就在書店裏把書看完。

與書一起生活。有些書可以一邊看一邊操作，譬如，看過書中有關糕點製作的描述後，很多小孩都會非常感興趣，家長可按書中所述，一步步完成製作，孩子在品嘗香甜點心之餘，一定會回味無窮。同樣，書中教導如何待人接物的細節，如果家長能選擇性地指導孩子在生活中加以運用，孩子自然獲益多多，印象深刻。

閱讀是伴隨人一生的活動，一個人心靈的成長史，差不多就是他的閱讀史。

人生起於閱讀，終於閱讀，因為，閱讀並非僅指讀書，它更是指品閱生活。

我們常說「讀萬卷書，行萬里路」，前者指閱書，後者指閱世。閱書是為了閱世，會閱書者更會閱世」。

瑪麗亞的尋找

有一回，瑪麗亞把車停在佛蒙特州南部的森林裏，附近的一位農夫倒車時不小心將她的汽車撞癟了一塊，而瑪麗亞當時不在現場。當她回來取車時，發現車窗上貼著一張紙條，上面工工整整地寫著一行字：「我們等著您。」下面是一個電話號碼。

後來她在農夫家的飯廳裏和他本人見面了，當她對農夫主動承擔責任的精神表示感謝時，對方平淡地回答說：「這是我們做事的習慣。」他的妻子則微笑著在旁邊用圍裙擦著手，也附和著丈夫這樣說。

許多年過去了，瑪麗亞始終記著這個場面和這句話。這對正直、體貼人的農家夫婦現在生活得好嗎?她決定再次拜訪他們的農舍。

帶著自家烘製的餡餅，瑪麗亞駕駛著汽車朝佛蒙特州的南部駛去。一路上她使勁地搜索著記憶中的小屋。停下車，她向人們描繪著記憶中的農場——低矮的蘋果林邊有一個石頭砌成的穀倉，大片的向日葵地，屋前的花壇裏種著太陽花、瓜葉菊和毛地黃……路人笑著對她說：「我們這個州有三分之一的農場類似這樣，小姐，除非你能說出姓名。」

可瑪麗亞說不出他們的名字。

「許多人都會這樣做的。眞的，這是我們做事的習慣。」一個正用乾草餵著一群比利時栗色馬的老婦人，聽她複述往事後這樣說。

幾個小時後，瑪麗亞把車開進了野餐區，這裏有清澈的小溪，四周種植著大片鳳梨樹，可她卻爲這次重返舊地一無所獲而心情不佳。

「對不起，小姐，我想不得不打攪你一下。」一對陌生人過來，他們正爲自己的車鑰匙被鎖進了汽車而不知所措。

「我可以替他們打電話請來鎖匠，或許讓他們搭我的車回城……」瑪麗亞想。於是她請他們上了車，一路向城裏開去。那位夫人向她介紹說，她丈夫是個植物學家，他們正一路旅行去北方收集蕨類植物。

他們終於把鎖匠從城裏帶回了野餐營地。鎖匠工作時，瑪麗亞則和他們夫

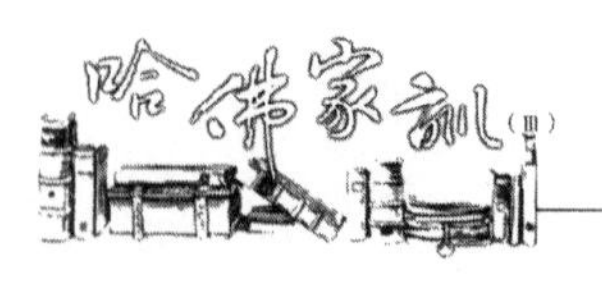

婦在露天餐桌邊坐下共同分享她帶來的餡餅。植物學家興奮地說：「你眞好，沒有你的幫助我們眞不知怎麼辦。」瑪麗亞調皮地笑著回答：「這是我們做事的習慣。」接著就把當年的故事告訴了他們，並傾訴了此次尋找無著的懊惱。

教授的夫人聽了她的話，甜甜地說：「尋找？你已經尋找到這裏的『習慣』啦。」

世間有許多美好的事物，需要我們用心去尋找。尋找美好事物的過程，就是一個人自我完美的過程。

好的習慣會慢慢變成美德，當習慣成為一種美德的時候，它就會像風一樣讓每一棵樹跟著它一起和諧地搖動。

處世

和諧通達的藝術

「休斯太太，你怎麼忍心讓兒子坐在那裡哭啊？」

「別理他，尼爾斯只是爲了引起別人的注意而已。如果你去抱他，他準會向你吐口水。」

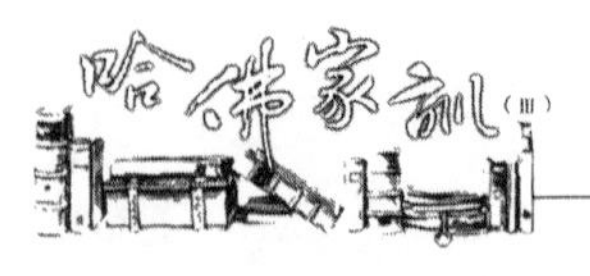

兩個朋友

陶壺和鐵壺是一對朋友，它們生活在一家鄉村農舍裏。

陶壺是主人裝水用的，鐵壺則是用來裝未燃盡的木炭。有一天它們都閒著沒事幹，鐵壺對陶壺說：「我們總是待在屋裏，不如結伴去旅行一次吧！」

陶壺不知道鐵壺爲什麼會忽然發出這個邀請，它想了想：可能是因爲我和它形狀相似吧。可是，我們倆的質地大不一樣，旅遊對我來說還是有點危險。

思考再三，陶壺還是委婉地謝絕了，因爲它知道，老老實實地待在爐火旁才是自己最明智的選擇。對自己來講，哪怕稍有一點磕碰，就可能粉身碎骨。

陶壺說：「你比我硬朗得多，沒有什麼能使你受傷。而我就不行了，你的好意我心領了，還是你自己去旅遊吧。」

「我可以保護你，」鐵壺說，「假如有什麼硬東西要撞到你，我可以將你們

隔開，我一定會好好照顧你的。」

陶壺覺得鐵壺說得有道理，就同意與鐵壺結伴上路。

它們一瘸一拐地在路上行走，來到一段坎坷地帶，鐵壺不小心身子一歪，就和陶壺撞到了一起。陶壺還沒來得及叫喊，就被它的保護者撞成了一堆碎片。

交什麼樣的朋友，取決於你自己；而你的命運，卻取決於你交了什麼樣的朋友。

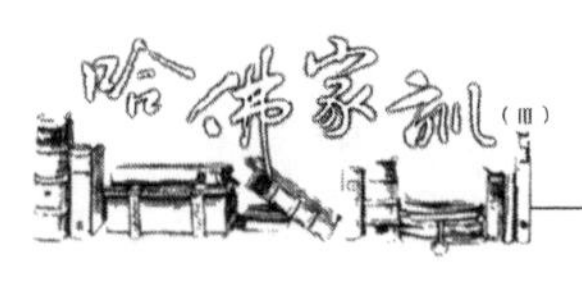

不合時宜的感激

布克和妻子住在維蒙特州林肯小鎮的一幢百年舊農舍裏，他們是在一九九六年的萬聖節才從布魯克林區搬到這裏來的，而當地大多數居民很久以前就在這裏定居了。

他們雖不是本地人，但別人也沒有把他們當做外人。布克初來時只有三件工具（包括一個卷尺在內）和一本修建住房的說明書，要不是鄰居們的幫助，他們連農舍也不會翻修，那麼他們連第一個冬天也挨不過。

在鄰居的耐心指導下，布克慢慢學會了砍柴、堆柴以及晾曬乾柴，以便在寒冷時取暖，學會了怎樣把灰泥抹在牆磚上，使它像膠水一樣牢固，他甚至還學會了打獵的本領。然而，最讓他感到爲難的是，他不知道怎樣向鄰居們表達感激。

有一年冬天，下了很久的大雪，四處的道路都被白雪覆蓋著，可是布克每天清晨起來時，卻看到自己門前的車道上片雪不留。開始他以爲是小鎮上專門有人負責打掃道路，後來才知道，天天替他掃雪的人是鄰居雷門。

他非常過意不去，於是布克決定要付錢給雷門。

布克打電話問雷門：「你替我掃雪，我該付你多少錢？」雷門躊躇了好一會兒，說：「你不必付我錢，因爲我做的事微不足道。」布克告訴他：「你使我省了至少五十小時腰酸背痛的勞累。」雷門說：「我並沒花那麼多的工夫。」

布克還想跟雷門爭論下去，他說，爲他服務一定得付錢，並問雷門七十五美元夠不夠。可是雷門只冷冰冰地說了一句「不用了」就掛斷電話。從雷門冰冷的聲調聽起來，布克知道自己得罪了他。

布克彷彿明白這不是錢的問題，於是又打電話問雷門有什麼事情可以讓他幫忙去做，布克說他剛學會了怎樣使用鐵錘幹活。可是雷門說，他目前沒什麼可做的。這句話傷害了布克的自尊心，但他不知道，他對雷門傷害得更重。

後來雷門再見布克時，就不像從前那樣熱情了，有時還故意躲開他。布克深信自己得罪了雷門，於是問妻子有什麼好的主意。妻子說：「放心吧。」

到了下個週末，布克的妻子做了四公斤咖啡碎屑冰淇淋，她讓布克和她一起將這些東西送給雷門和他太太，她說自己一下子做了很多，只好請他們幫忙吃。雷門和他的太太高興地接受了，他感謝了布克，臨送他出門時，雷門說，他想在院子四周栽一些圍欄，要是布克有空，他希望能幫幫他。

布克激動得臉都發紅了，他欣然表示樂意，還炫耀地說：「我會把我的鐵錘也帶來的。」

友情需要報答，但不需要償還；友情需要報以友情，而不能報以金錢。

友情是你最需要時得到的東西，所以你也要在別人最需要時給予他們。

友情是隨意的，人情是刻意的。我們會被友情溫暖，但可能會被人情傷害。

松鼠的結局

有一天，狼突然生病了，小動物們知道後紛紛趕來探望。

松鼠第一個趕到狼跟前，並帶來了很多禮物。

狼很高興，對隨後趕到的動物們說：「松鼠是我的第一大忠臣，大家都有目共睹，今後，你們都要向牠學習。」

「是，尊敬的大王。」動物們雖然對勢利的松鼠不滿，但懾於狼的威風，都對牠敢怒而不敢言。

「尊敬的狼王，兔子早就對你懷有二心，你看，到現在牠還沒來看你呢！」松鼠開始搬弄是非。

正在這時，兔子趕到了，狼立即對兔子怒吼起來。

「尊敬的大王，我之所以來遲了，是因爲我聽到你生病的消息後，便急著四處尋醫問藥，想找到一個良方爲你治病。」兔子爲自己辯解道。

「這麼說你對我倒也是忠心耿耿。快把良方獻出來吧。」狼轉怒爲喜。

「大王，這是我從人類那裏得來的一個秘方。」兔子說。

「快，快獻出來！」狼樂得手舞足蹈。

「秘方裏說，要治好大王的病，就必須剝下一隻松鼠的皮，趁皮還熱呼呼的時候貼在你的胸口上，大王的病馬上就會好起來。」

松鼠立即被眾獸捉住，牠的皮很快就貼到了狼的身上。

為別人挖掘陷阱，最後總是自己掉進去。人不可無防人之心，但絕不要有害人之心。

路過小鎮的陌生人

一個老人靜靜地坐在小鎮外的馬路邊。

一位陌生人開車來到這個小鎮，看到老人，他停下車打開車門問道：「先生，請問這個小鎮叫什麼名字？住在這裏的人怎樣啊？」

「這與你有什麼關係嗎？」

「當然有，」來人一邊脫下帽子扇風一邊說，「因爲我正在尋找新的居住地！」

老人抬頭看了一眼陌生人，回答說：「你能告訴我，你原來居住在那個小鎮的人怎麼樣呢？」

陌生人說：「原來那個鎮裏都是一些毫無修養、自私自利的人。住在那裏簡直無法忍受，根本無快樂可言，這正是我想離開那裏的原因。」

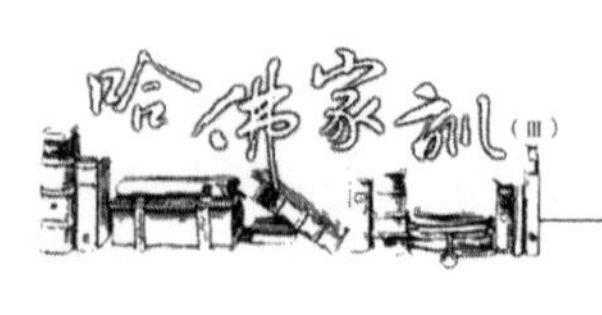

聽了這話，老人說：「先生，恐怕你又要失望了，這個鎮上的人和你說的那些人完全一樣。」

陌生人快快地驅車離開了。

過了一段時間，另外一位陌生人來到這個鎮上，他也向老人提出了同樣的問題：「住在這個鎮裏的人怎麼樣啊？」

老人也用同樣的問題反問他：「你先告訴我，你原來那個鎮上的人怎麼樣呢？」

陌生人回答說：「哦！住在那裏的人非常友好，非常善良。我和家人在那裏度過了一段美好的時光，但是，因爲工作的原因，我不得不和那裏告別，但我希望能找到一個和從前一樣好的小鎮。」

老人說：「你很幸運，年輕人，居住在這裏的人都是跟你們那裏完全一樣的人，你將會喜歡他們，他們也會喜歡你的。」

於是這個人快樂地在這個小鎮安了家。

世人就是自己的鏡子。如果周圍的人都不好，
你自己身上一定有導致他們讓你覺得不好的原因。
你認為別人如何，別人差不多也就是這樣看待你。

老虎的陰謀

從前，在靠近原始森林的一個牧場上，生活著三頭肥壯的公牛。它們形影不離，總是在一起吃草，一起到河邊喝水。

有一隻老虎早就對這三頭公牛垂涎三尺了，但牠始終沒有下手的機會，因為牠發現這三頭公牛十分團結。於是狡猾的老虎想出了一個主意：先離間牠們的感情，然後再一個個地對付。

一天，一頭公牛正在森林邊緣吃草，老虎慢慢地走上前說：「朋友，聽著！你要留心你的兩個夥伴，我聽說，牠倆為了霸佔草地，想幹掉你。你瞧，牠倆正在竊竊私語哩。」

這頭公牛轉過它的大腦袋，果然看見兩個夥伴的頭靠在一起。打那以後，這頭公牛和自己的夥伴離得愈來愈遠了。

幾天以後，老虎又用同樣的詭計，在第二頭公牛面前搬弄是非。結果，那頭公牛也相信了牠的挑撥。

就這樣，過去曾經親密無間的三頭公牛，現在卻視同陌路，相互不予理睬。去小河喝水的時間也錯開了，甚至連晚上睡覺時，也彼此離得遠遠的。

老虎的計謀終於得逞，牠高興極了。有一天，老虎突然從密林中奔出來，撲向一頭公牛，咬斷了牠的脖子。而另外兩頭在遠處吃草的公牛眼睜睜地望著老虎吞食了同伴，卻坐視不理，心裏還想著那是牠應得的報應。

第二天，老虎吃掉了另一頭公牛。

第三天，最後一頭公牛也成了老虎口中的美食。

不明辨是非，容易被慫恿和挑撥，這樣的人往往被他人左右，成為無辜的犧牲品。

如果一個人無緣無故地向你攻擊他人，那麼，你首先要防範的就是這個人。

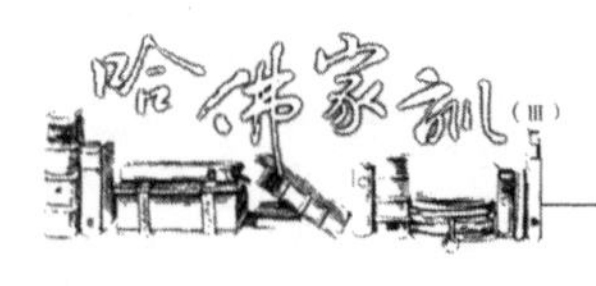

空空的馬車聲

一個春日的午後，父親與兒子一起到林間漫步。這是一個美麗而安靜的日子，溫暖的陽光灑在他們的身上，許多小鳥兒在枝頭雀躍。

在一個彎道處，父親忽然停了下來。他望著自己的兒子，在短暫的沉默之後，他問道：「你聽到了什麼聲音嗎？」

兒子仔細地聽了聽，回答說：「我聽到了鳥兒的叫聲。」

「除了小鳥的歌唱之外，你還聽到了什麼聲音？」父親又問孩子。

兒子側耳傾聽，笑著說：「還有馬車的聲音！」

「是的，是一輛馬車，不過，它是一輛空馬車。」父親若有所思地說。

兒子非常奇怪，於是問他：「沒有看見馬車，您是怎麼知道那是一輛空馬車呢？」

父親答道：「從聲音就能輕易地分辨出馬車是空的還是滿的。馬車越空，發出的噪音就越大。」

兒子若有所思，父親又接著說：「就像我們身邊的有些人，胸中沒有多少知識和涵養，卻總是口若懸河，滔滔不絕。而那些眞正有見識的人，卻從來不自誇炫耀。」

兒子記住了父親的話，每當看到那些口若懸河、喜歡粗暴地打斷別人的人，或者目空一切、肆意貶損他人的人，他的耳邊就響起了父親的那句話：「馬車越空，噪音就越大。」

小溪總在發出「嘩嘩」的聲音，而大海卻很寧靜，因為博大不需要喧嘩。

人不難學會善辯，卻難得學會沉默。

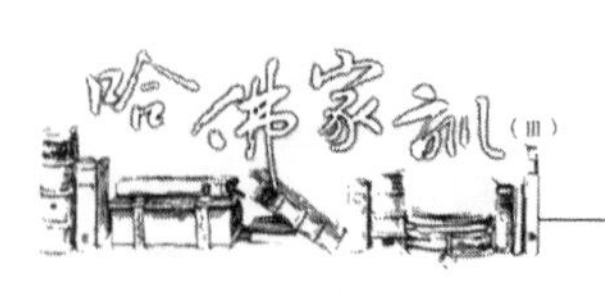

得意的戲劇家

著名的戲劇家普契尼偷偷到劇院看他的新歌劇《托斯卡》上演。他注意到觀眾對該劇讚譽很高，於是十分得意。

「您爲什麼不鼓掌？您不喜歡這個戲嗎？」鄰座一位陌生婦女中途向他問道。

「哦，不太喜歡。」普契尼答道。他對自己的這個際遇覺得很有趣，於是又調侃地說：「戲中有些地方交代得似乎不夠清楚。」

「那有什麼關係，作者有權創新！」婦人反駁道。

「可能是這樣吧……不過最壞的是他的模仿，您沒有聽出有些曲調是受威爾第的影響嗎？」

「這只不過是繼承義大利的傳統。」婦人不服地說。

「我並不這樣認爲。如果您眞的懂一點歌劇的話，您會發現，合唱太拖拉了，它應該更緊湊生動一些。」

「您眞的這樣認爲嗎?」

「當然。」普契尼面帶戲謔和不屑地說。

第二天，普契尼打開報紙，一個標題映入眼簾：《普契尼關於「托斯卡」的談話》。使他大吃一驚的是，文章把他開玩笑說的有關此劇的種種「缺點」幾乎隻字不漏地刊登出來。

他萬萬沒想到，那晚坐在他身旁的婦女，竟然是米蘭最暢銷報紙的評論家。

人可以高興，但千萬不要得意。得意讓人輕狂，讓人失去理性和分寸。得意不僅降低自己，而且還刺傷別人。所以，得意的結果必然招致非議和自辱。

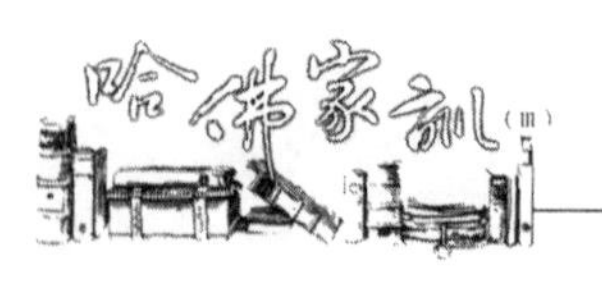

二百萬美元一句話

韓國某財團研究決定，向獲得諾貝爾和平獎的金大中總統獻一份禮物。可究竟獻一份什麼樣的禮物才好呢？他們想起一句老話：贈人以良言，勝於贈人以珠寶。於是，他們最終拿定主意，不惜花重金購買美國民主制度的經驗，以此爲厚禮，獻給金大中總統。

英國劍橋大學的紐納姆學院，在總統的研究方面具有很高的知名度，於是韓國財團便把這一課題交給他們。

紐納姆學院接受這一課題之後，在卷帙浩繁的資料中追根溯源，從美國當代的民主制度一直研究到美國第一任總統華盛頓的民主建國思想。在研究華盛頓民主建國思想的來源時，他們追溯到了「一棵蘋果樹」的故事。

華盛頓十四歲的時候，在自家的後院栽了一棵蘋果樹。他父親見到後對他

說：「你若想將來吃到蘋果，就應該把它種在有陽光的地方，並且不斷地給它澆水施肥。」在轉身離開的時候，父親又加了一句：「如果你幫助別人得到他想要的，你就能得到你想要的。」

紐納姆學院的研究結論強調指出：史料上明確記載，華盛頓在一七八七年費城立憲大會上，曾反覆使用了他父親當時說過的這句話，正是這句話，影響了華盛頓一生的奮鬥方向，促進了美國民主制度的誕生——這句話正是美國民主制度完善經驗的精華和核心。

韓國某財團向紐納姆學院支付了二百萬美元，買下了蘋果樹下的這句話「如果你幫助別人得到他想要的，你就能得到一切你想要的」，並將它贈送給金大中總統。這一消息在韓國披露後迴響熱烈，得到了有識之士的高度評價。他們認爲，這二百萬美元物有所值，這句話對進一步發展和完善韓國的民主具有重要的指導推動作用。更沒有想到的是，不少國民竟然自動捐款給貢獻這項研究成果的財團，使他們的股票直線上升。

從此，韓國財團花二百萬美元買來的這句話，成爲家喻戶曉人人皆知的名言，成爲許多韓國人指導自己生活的行爲準則。

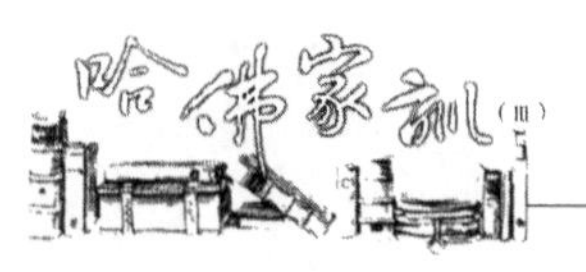

百分之一百的人都想得到。其中，百分之九十九的人希望自己得到，而別人不得到；只有百分之一的人願意讓別人先得到，然後自己得到。

先讓別人得到的人，自己得到了很多；不讓別人得到的人，自己也什麼都得不到。

飛散的羽毛

聖菲力浦是十六世紀深受人們愛戴的羅馬牧師，富人和窮人追隨著他，貴族和平民也都喜歡他，這一切都是因爲他的善解人意。

有一次，一位年輕的女孩來到他面前傾訴自己的苦惱。聖菲力浦明白了女孩的缺點，其實她心地不壞，只是愛對別人說三道四，傳播無聊的閒話，給許多人造成傷害。

聖菲力浦說：「你不應該背後議論他人，你要爲此贖罪。我這裏有一包鳥的羽毛，你將它們撒在你走過的路上，直到撒完爲止。」女孩遵照牧師的吩咐將羽毛一路從城裏撒到城外，然後她回去找聖菲力浦。

聖菲力浦說：「你已完成了贖罪的第一部分，現在要完成第二部分：你必須回到你來的路上，撿起所有撒下去的羽毛。」

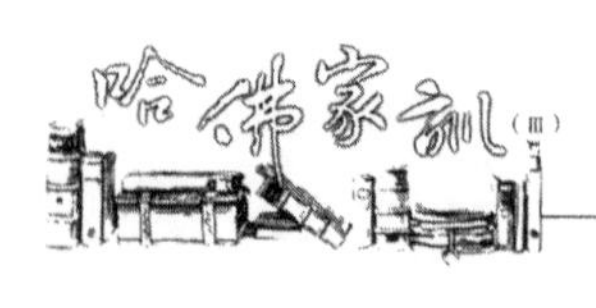

女孩又回去了，可是她沒有撿到一片羽毛，因為風已經把它們吹得無影無蹤。她再次來到聖菲力浦面前，將實際情形告訴了他。

「沒錯，我的孩子。那些你不假思索脫口而出的愚蠢的謠言，不正像那些撒出去的羽毛嗎？你當時可能只是隨便說說而已，但它們卻會迅速傳到各處，等你後悔時，卻再也收不回來了。」

女孩說：「我可以得到拯救嗎？」

「可以，當你再想說別人壞話時，就閉緊你的嘴，不要讓這些邪惡的羽毛散落任何地方。」

話語是無形的箭，射出去就再也收不回來。

不要隨便褒貶他人，因為人是複雜的，一般來說，任何評價都難得恰如其分。不恰當的評價，要麼使別人難堪，要麼讓自己難堪。

狐狸與鶴的晚宴

有一天，狐狸送了一張請帖給鶴：「晚上請來舍下用餐。」

「哇！眞罕見！狐狸先生竟然會請我吃飯。牠會準備什麼佳餚招待我呢？」

鶴很高興地前去狐狸的家。「呀！鶴先生，歡迎！歡迎！請坐，不要客氣哦！」狐狸的佳肴原來是放在一個大平盤裏的肉湯。

「我最喜歡喝湯啦！謝謝你呀！」鶴說。

鶴很想喝湯，可是，因爲自己長著一個長嘴巴，所以費了好大的勁兒，也只能聞到味道而已。盤內的湯一滴也喝不到。

可是狐狸卻嘰哩咕嚕地一下子就把湯喝完了，而且嗤嗤地笑著，覺得很有趣。

「眞不夠意思，你在捉弄我！」鶴恨恨地回家去了。

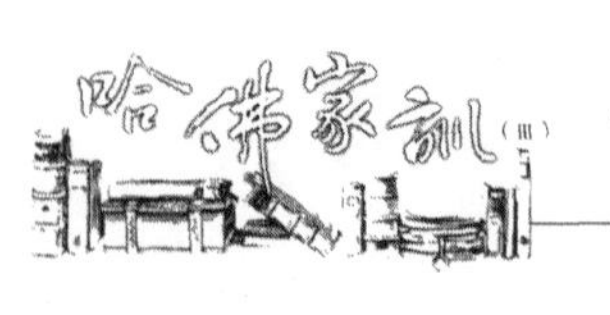

不久，鶴也送了一張邀請函給狐狸：「晚上宴客，請你一定要來哦！」

狐狸是個貪吃鬼。「是什麼樣的食物在等我呢？」狐狸暗暗地想著，高高興興地到了鶴的家。

「狐狸先生，歡迎！歡迎！別客氣，儘管用吧！」

鶴拿出來的也是肉湯。不過，它們裝在細頸水瓶裏！

「謝謝！你知道我最喜歡喝肉湯了。」狐狸將嘴伸進瓶口，可是怎麼喝也喝不到一口湯，只能聞到鮮美的味道。

鶴則將長嘴巴輕輕鬆鬆地伸進瓶底，津津有味地喝著。

狐狸肚子餓壞了，眼前的美食卻一口也吃不到。

捉弄別人獲得的快樂，遠遠不能抵消被別人捉弄所帶來的痛苦。

惡作劇起初都沒有惡意，但弄不好卻會帶來意想不到的惡果。

九十九隻髮卡

國王有七個女兒，七位美麗的公主是國王的驕傲。她們都有一頭烏黑亮麗的長髮，所以國王送給她們每人一百隻漂亮的髮卡。

有一天早上，大公主醒來，一如往常地用髮卡整理她的秀髮，卻發現少了一隻髮卡，於是偷偷地到二公主的房裏，拿走了一隻髮卡；二公主發現少了一隻髮卡，便到三公主房裏拿走一隻髮卡；三公主發現少了一隻髮卡，又偷偷地拿走四公主的一隻髮卡；四公主如法炮製拿走了五公主的，五公主拿走六公主的，六公主只好拿走七公主的……於是，七公主的髮卡只剩下了九十九隻。

不久，鄰國一位英俊的王子忽然來到皇宮，他對國王說：「前幾天，我養的百靈鳥叼回了一隻髮卡，我想這一定是屬於您家哪位公主的。這是一種奇妙的緣分，我希望能親自把這隻髮卡還給她。」

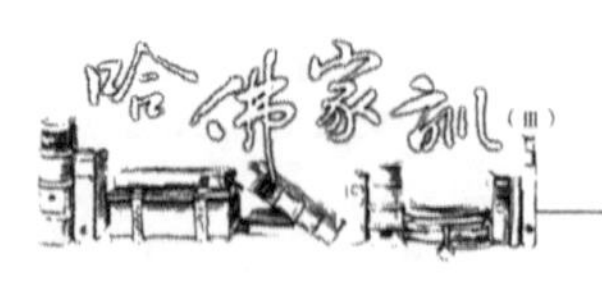

公主們聽了王子的話，都恨不得大聲說：「是我掉的！是我掉的！」可是她們頭上明明完整地別著一百隻髮卡，於是她們都懊惱不已。只有七公主走出來羞澀地說：「我掉了一隻髮卡……」話才說完，一頭烏亮的長髮因爲少了一隻髮卡而全部披散下來。令人驚豔的美麗，讓王子一見鍾情。

故事的結局誰都想得出來：王子與公主從此一起過著幸福快樂的日子。

處心積慮，適得其反；機關算盡，反倒成空。最高明的生活策略是：安心地得到，安心地失去。

杯注滿了就會溢出，花盛開了就會凋謝。生活裏，不完美才是最完美。

帶上一句話上路

一個父親對將要遠走高飛的兒子說了以下這些話：

你要遠行了，孩子，將有一生的歲月等你去走。我要送你一句話帶在身邊——快樂是一種美德。

要保持快樂，孩子，這是我們窮人最後的奢侈。不要輕易丟掉快樂的習慣，否則我們將更加一無所有。保持快樂，這是人類和自然、和災難、和一切痛苦作戰的最銳利的武器。

你要快樂，在每一個清晨或傍晚。你要學會傾聽萬物的語言，你要試著與你身邊的河流、山川、大地交談。在你走過的每一個地方和每一天，你都要留下你的笑聲作爲紀念。多年以後，當人們再談起你時，他們會記得，當年曾有一個多麼快樂的小夥子從他們的生活中悠然走過。

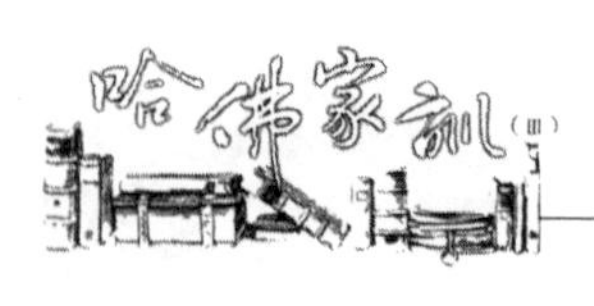

快樂是一種美德。無論你背著多少行李，你也不要把它扔到路邊的溝裏。即使你的鞋子掉了，腳上磨出了血，你也要緊緊地攥著快樂，不要和它離開半天。

快樂是一種美德。孩子，這是因爲快樂能夠感染他人。你要把你的快樂傳給你身邊的每個人，無論他是田野裏的農夫還是臥榻上的病人，無論他是赤腳的孩子還是爲柴米發愁的母親，你都要把快樂傳給他們，讓他們像鮮花一樣綻開笑容。

孩子，在你經過的每個村莊，人們都像親人一樣款待你，他們給你甘甜的泉水，給你的行囊裏塞滿乾糧，你就還給他們快樂吧！快樂是一種美德，它能讓你在人們的心中永存。

生活可能是很艱難的，也許會比你想像的要艱難一萬倍。但無論生活給了你什麼樣的命運，無論你落進了怎樣麻煩的困境，你都要滿懷希望，都要努力使自己快樂！

不是生活得好才快樂，而是快樂才生活得好！

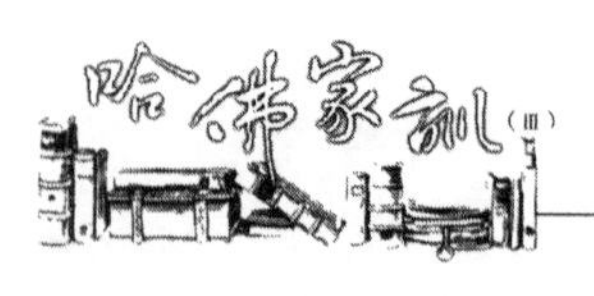

得寸進尺的駱駝

一個寒冬的夜晚，有位阿拉伯人正坐在自己的帳篷中，外面是呼嘯的寒風。一會兒，門簾被輕輕地撩了起來，原來是他的那頭駱駝，牠正在外面朝帳篷裏面觀望。

阿拉伯人很和藹地問牠：「你有什麼事嗎？」駱駝說：「主人啊，外面太冷，我凍得受不了。我想把頭伸到帳篷裏暖和暖和，可以嗎？」

仁慈的阿拉伯人說：「沒問題。」駱駝就把牠的頭伸到帳篷裏來了。過了不久，駱駝又懇求道：「讓我把脖子也伸進來，可以嗎？」

阿拉伯人想，反正脖子也佔不了多少地方，於是又答應了牠的請求。

駱駝把脖子伸進了帳篷，但牠的身體還在外面。牠不斷地將頭搖來搖去，弄得阿拉伯人一刻也不能安靜。

見阿拉伯人沒有反應，駱駝就大著膽子說：「這樣站著很不舒服，如果我把前腿放進帳篷，也不過只佔用一點地方，但我會更舒服一些。」

阿拉伯人說：「既然如此，你就把前腿也放進來吧。」阿拉伯人挪動一下身子，爲駱駝騰出了一片地方，因爲帳篷實在很小。

不一會兒，駱駝又搖晃著身體開始說話了：「我這樣站在帳篷門口，外面的寒風颼進來，你和我一起受凍。我看倒不如讓我整個兒站到裏面來，我們都可以暖和了！」

帳篷太小，要容納一人一駝是不可能的。但是，主人非常善良，對待駱駝就好像對待自己一樣。他說：「雖然地方小了點，不過你可以站到裏面來試一試。」

駱駝進來了，牠的身子幾乎把帳篷頂倒了。

只待了一刻工夫，駱駝就煩躁起來了，牠昂著頭說：「這個帳篷眞的太小了，它無法容下我們兩個人。我看，你最好站到外面去吧！」

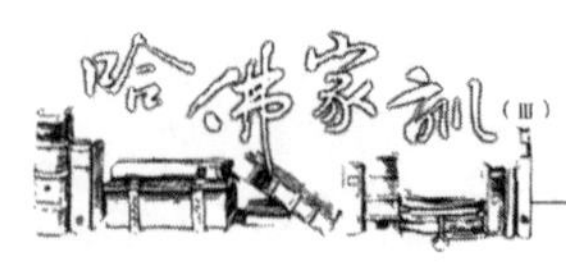

駱駝說著，就一腳踢到主人身上，這個阿拉伯人打了一個趔趄，就被摔到帳篷外面去了。

做人要善良，但你的善良一定要送給同樣善良的人。沒有原則的善良，終會給自己招來禍患。

得寸進尺的人是危險的，因為貪婪，他們無法停止欲望的腳步。

警官、匪徒和翻譯

一名墨西哥匪徒搶劫了德克薩斯州的一家銀行。

幾天後，搶匪被一名美國警官在鬧市中抓住。

這位警官不會講西班牙語，而匪徒不會講英語。

一位過路的墨西哥人被請來當翻譯。

警官把槍頂在墨西哥匪徒的頭上，對翻譯說：「問他是不是叫剛澤拉斯？」

翻譯回答道：「他說，是的，他是剛澤拉斯。」

「問他是不是曾去過德克薩斯的第一國家銀行。」

翻譯說道：「他說，是的。他承認他曾搶劫了這家銀行。」

警官把槍頂得更緊了：「現在告訴他，如果他不說出錢藏在哪兒，我就要扣動扳機了。」

匪徒不住地流著汗，他用西班牙語狂噪地叫道：「別開槍！我還有妻子和四個孩子！錢就藏在我家後院的井裏！」

翻譯聽完匪徒的話，轉過身對警官說：「他說，你是個混蛋！你不敢！來吧，開槍吧！」

警官開槍了。直到幾年後，他才知道當年的失誤。

如果自己無法把握，就不要輕易相信別人。

養獅人的悲劇

一個人撿到一隻幼獅，便抱回家餵養。他對牠無微不至，給牠餵食，給牠梳毛，給牠洗澡。

獅子在他的懷抱中漸漸長大，即使長成一隻威猛的雄獅，對他也溫順得如一條小狗。

有一天他突發奇想：騎著獅子旅遊。他和獅子一起踏上了旅程，一路上獅子很聽話，平穩地馱著他，所到之處人們對他夾道喝采，他顯得神氣活現。

路上有人問他：「獅子不會吃你嗎？」

他說：「怎麼可能呢！我從小把牠養大，知道牠的性情。」

路上有條狗問獅子：「你怎麼不吃他？」

獅子說：「那怎麼可能呢！他是我的恩人。」

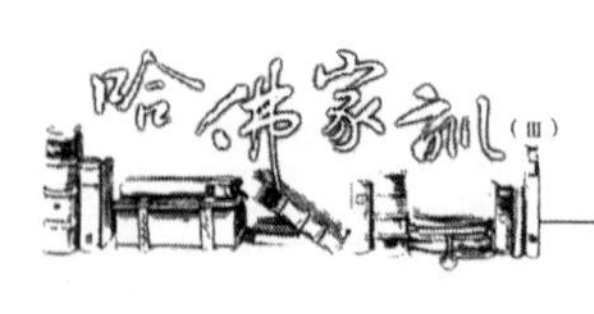

他們穿過一片沙漠，不幸遇到了狂風，水和食物都被捲走。他在痛心之時不忘去安慰獅子：「忍著點兒，小傢伙，等過了沙漠，我讓你飽餐一頓。」擔心獅子受累，他甚至跳下來步行。

一天過去了，獅子餓得圍著他打轉；兩天過去了，獅子餓得舔他的手腳；三天過去了，獅子對他開始輕輕地撕咬；四天過去了，獅子向他齜起了牙齒；第五天，饑餓的獅子向他瞪起了血紅的眼睛……在他正要上前撫摸牠時，獅子奮力一縱將他撲倒，瞬間把他撕成了碎片。

至死他都不明白，獅子怎麼會吃了他呢？

飽餐後的獅子也大惑不解，我怎麼會吃他呢？

獅子現在不吃人，並不能保證它永遠不吃人——因為兇殘是它的本性。

有的人現在對你忠誠，但不表明他永遠對你忠誠——如果他本來就不是一個忠誠的人，總有一天他會背叛。

獅子的溫順和奸佞之徒的忠誠都是有限度的，饑餓和危險會使他們露出本來面目。

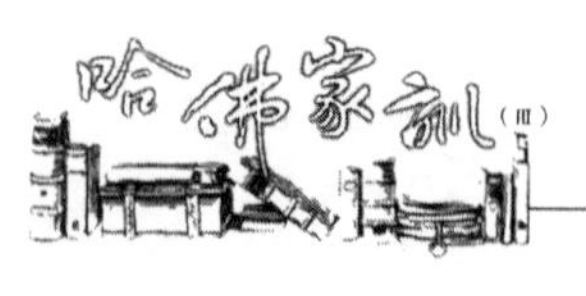

巴勒斯坦的兩片海

巴勒斯坦有兩片海。

一片是加利利海，魚兒在海裏暢遊，漂亮的水花點綴著海岸，海邊的樹木枝繁葉茂，到處鳥語花香。

約旦河用山間亮晶晶的溪流造就了這片海。於是海水在陽光下歡歌，人們在海邊建造房屋，鳥兒在海邊築巢，所有的生命都因爲這片海的存在而變得美麗鮮活。

約旦河繼續向南，流進了另一片海。

這裏沒有游動的魚兒，沒有飄舞的樹葉，沒有婉轉的鳥鳴，沒有孩子的歡笑。水上空氣凝重，不管是人還是飛禽走獸都不喝這裏的水。

兩片海相距不遠，爲什麼差別竟如此之大？不能怪約旦河，注入兩片海裏

的約旦河水是一樣的；也不能怪海水下的土壤，或者海邊的鄉村，它們都是一樣的。

區別在於，加利利海接納了約旦河水，但它沒有把河水一滴不放地留給自己。約旦河每流進一滴水，加利利海就流出一滴水，接受和付出以同樣的速度在進行。

另一片海則不同，它把河水儲存起來，流進來的水再也流不出去。加利利海懂得付出，所以「活」了下來，另一片海絲毫不肯付出，於是就成了「死海」。

這個世界上有兩種人，巴勒斯坦有兩片海。

我們一無所有地來，然後再一無所有地去。在這個世界上，沒有什麼是我們的，所以，只有愚蠢的人才試圖把一切據為己有。

學會給予和捨棄是需要訓練一生的課程。我們給予，不是付出，是償還；我們捨棄，不是失去，是超越。

瓊斯的誘惑

瓊斯的媽媽每週爲農場主湯普森的小旅店洗一次衣物，報酬是五美元。

一個週六的晚上，瓊斯像往常一樣去湯普森小店替媽媽領錢，在馬廄外，她遇到了這位農場主。顯然他正在生氣，那些總和他討價還價的馬匹商令他火冒三丈。當瓊斯向他要錢時，湯普森順手打開鼓鼓的錢包，連看都沒看她一眼，就伸手將一張鈔票遞給了她。

瓊斯暗暗高興這次沒有被農場主訓斥，從前他總是大聲責備瓊斯又打擾了他，所以，瓊斯一拿到錢就急忙跑出來。

走了一段路，瓊斯停了下來，準備用小針將錢別在圍巾的褶皺裏。這時，她發現湯普森給她的不是一張鈔票，而是兩張！她往四周望了望，發現附近沒有人。

「這是我的了。」她爲得到這筆意外之財興奮不已。她想：「我要買一件新斗篷送給媽媽，媽媽就能把她那件舊的送給瑪麗，這樣，明年冬天瑪麗就能和我一塊兒去上學了，說不定還可以給弟弟湯姆買雙新鞋呢。」

過了一會兒，瓊斯又猶豫了：這另外一張鈔票顯然是湯普森錯給的，那麼，她根本沒有權利擁有它！正當她這樣想的時候，一個充滿誘惑的聲音對她說：「錢是他給你的，你怎麼知道這不是他一時衝動把它作爲禮物送給你的呢？拿去吧，無論如何他是絕對不會知道的。就算是他弄錯了，他大錢包裏有那麼多鈔票，怎麼會在乎這區區五美元錢呢？」

瓊斯一邊往家走，一邊進行著激烈的心理掙扎：沒有人知道這五美元的來歷，沒有人會追究它，那麼，是留給自己還是還回去？

當她經過家門前那座小橋時，她想到了媽媽平時的教誨：「不是屬於你的東西，你就絕對不要佔有它——無論它是多麼誘人！」

瓊斯猛地轉過身就向回跑去，她跑得很快，快得讓她差點連氣都喘不過來了，彷佛是在逃離什麼無形的危險。

那個粗魯的老人見瓊斯又一次出現在他面前，忍不住惱怒又驚訝地問：

「這回你又有什麼事呢?」

「先生，您給我的鈔票不是一張，而是兩張。」瓊斯一邊顫抖，一邊回答。「什麼?兩張?我看看!啊，的確是兩張。難道你現在才發現嗎?爲何不早點把它送回來?」瓊斯的臉紅了，她低下頭，沒有回答。

「我猜，你一定是想留下它自己享用吧。」湯普森說，「唉，幸好你媽媽教訓了你，否則我可要白白丟掉五美元了。」

「我媽媽完全不知道這回事。」瓊斯說，「我在到家之前就回來了。」

湯普森注視著眼前這個小女孩，當他看到一顆顆淚珠順著孩子的臉滾落下來時，他終於改變了態度。他猶豫了半天，然後從口袋裏摸出一枚硬幣遞給瓊斯。

「不，謝謝您，先生。」瓊斯說，「我不能因爲做了件應該做的事而得到報酬。我媽媽告訴過我，如果是別人的東西，哪怕是一錠金子也不能要。」

此時，這個一向自私的老人彷彿也深受感動。他對瓊斯道了晚安，然後慢吞吞地回到了屋裏。他喃喃自語道：「世上竟然還有這樣的孩子，竟然連白拿的錢都不要……」

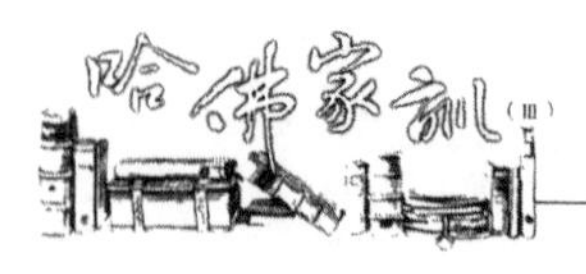

瓊斯如釋重負地回到她那簡陋的家中，她沒有把剛才的經歷告訴媽媽，因爲她知道，在他們家，這是沒必要炫耀的事情。

心裏總豔羨別人的東西，就像眼中總含有一粒沙子。

能控制貪念的人，就可以避免禍患；能拒絕誘惑的人，就不會遇到陷阱。

明察

洞悉世事的真知

我有點疑惑，艾力克，戴上這樣的眼鏡，會讓你的目光更敏銳嗎？如果不能，它的意義是什麼呢？

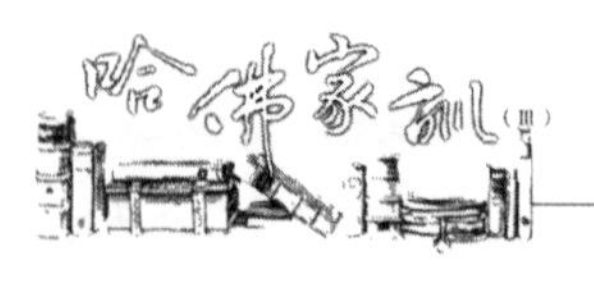

哨兵的發現

在蘇聯衛國戰爭期間的一次戰鬥中，有一位哨兵被派往前線陣地偵探敵情，他奉命觀察陣地前那片樹林的動靜。那天的天氣不太好，不停地颳著風，樹林中密密的樹枝隨風擺動著，發出陣陣沙沙的聲響。

忽然，他發現有一根樹枝不是順著風向傾斜，而是逆風而立。他感到非常奇怪，按照常理來說，樹枝是不可能逆風而立的，這其中一定有其他的什麼原因。他想了片刻，意識到前方很可能有德軍埋伏。於是，他連忙給部隊發出了炮擊的信號，引導蘇軍的炮火轟擊樹林。炮擊過後清掃戰場時，蘇軍果然在樹林中發現了數十具德軍屍體。

原來，一批德軍士兵正潛伏在蘇軍陣地前的小樹林裏伺機偷襲。可在潛伏過程中，有一個德軍士兵感到很疲勞，順手把身上的水壺解下來掛到了身旁的

樹枝上。正是這個水壺使樹枝彎到了逆風的方向。那個蘇聯的哨兵及時發現了這一反常現象，從而意識到有敵人埋伏，最終確保了陣地的安全。那些德軍士兵，直到臨死的那一刻，也未能知道究竟是如何被發現的。

蘇聯哨兵透過常識判斷和合理的邏輯分析，出色地完成了偵察任務。他的成功之處，就在於他具有良好的思維能力，從一個不太明顯的現象中發現其背後隱藏的奧妙，並最終贏得了戰鬥的勝利。

細節決定成敗！

每天問自己十個問題

如果你想走出常規，放鬆心情，以積極的心態開始每一天，那就很有必要以自問的方式開始。這些問題會給我們帶來力量和好心情。

◎我擁有什麼？通常我們會爲自己沒有的東西而苦惱，卻不會爲我們擁有的一切而快樂。比如健康，我們可以聽、可以看、可以愛與被愛，每天都有食物供我們享用……這一切都是我們最珍貴的財富，我們應該時刻爲擁有這些而高興，其他都不過是身外之物。

◎我應該爲什麼感到自豪？爲你已經取得的成績而自豪。成績不分大小，每一次成功都意味著向前邁出了一步。你可以爲剛剛戰勝一次挫折感到驕傲，可以爲幫助了一個陌生人而感到幸福，可以爲支持了一個朋友露出微笑，也可以爲讀了一本新書而感到高興。總之，一切透過努力得到的東西都值得驕傲。

◎我應對什麼心存感激？每天都有很多事情讓我們爲之動心，同時也有很多人值得我們感謝，因爲他們在無形中教會了我們一些知識——生活的每一天對於我們來說都是一份不可多得的禮物。

◎我怎樣才能充滿活力？每天都要計畫好做一些積極的事情，唯有積極的活動才可以讓自己充滿活力。你可以給自己欣賞的朋友打個電話，對身邊的親人說一些鼓勵的話，或者留出一些時間進行有益的思考或鍛鍊一下身體。

◎我今天能解決什麼問題？設法把那些原本想留到明天才解決的事今天就解決掉，盡量在當天完成手邊的工作，要敢於面對那些棘手的難題，並換一種角度看待它們。

◎我能拋下過去的包袱嗎？「過去的包袱」就是指那些長年累積起來的傷心經歷和難解的心事。背著這些包袱有什麼用呢？對過去做一個總結，把值得借鑑的經驗保存起來，然後忘掉所有不利於前進的東西。

◎我怎麼換個角度看待問題？人往往都是別人的建議者，卻不是自己的。很多時候，關鍵就是我們看待事物的方式，很多人都經歷過爲一件事苦惱不堪過後又覺得可笑的時候，其實，悲和喜只是看問題的角度不同而已。

◎我怎樣過好今天？做些與往常不一樣的事情，試著說一些不一樣的話，和不同的人打一次交道，這樣一來你會感到生活是豐富多彩的。我們要敢於創造和創新。

◎今天我要向誰問候？心靈的交流是我們的精神食糧。曾經有一位心理學家說過，要想愉快地生活，每天至少要向三個人致以問候。它不僅可以使別人獲得快樂，更可以讓我們獲得生活的意義。

◎我爲什麼不現在就開始行動？不要認爲這些都是「聽起來不錯」的建議，也不要認爲生活很難這樣。其實，每天的生活並不是你想像的那樣艱難。是讓生活過得索然無味，還是積極向上，決定權就在你自己的手中。努力幸福地生活，你會失去什麼呢？

沒有反省的生活像一座沒有修整的花園。

當我們開始一天的時候，我們問自己幾個問題，使這一天獲得目標和意義；當我們結束一天的時候，我們最好也問自己幾個問題，使這一天得到反省和回顧。

問題可以讓我們看清自己，可以擦亮我們蒙塵的心靈。

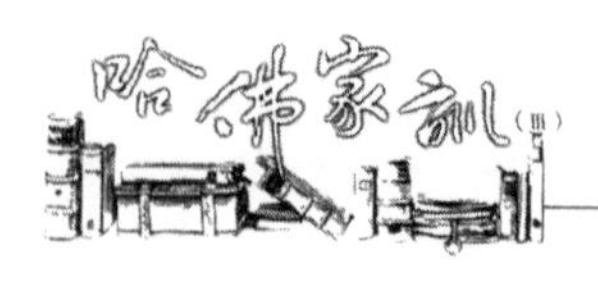

三條忠告

一次，一個獵人在森林裏捕獲了一隻非常奇特的鳥，牠竟然會說話。

鳥兒掙扎著說：「你放了我吧，我能說七十種語言，非常聰明。只要你放了我，我就送給你三條忠告。」獵人說：「你先告訴我是哪三條忠告，然後我才會放了你。」

鳥兒同意了。「第一條忠告是，」鳥兒說道，「自己做的事，不要後悔；第二條忠告是，不管什麼人告訴你一件事，如果你認爲不可能，就不要相信。」鳥兒繼續說：「第三條忠告是，不要輕易向上爬，如果爬不上去，千萬不要勉強。」

停了一會兒，鳥兒對獵人說：「我對你的忠告就是這些。該放我了吧？」獵人想了想，就把鳥兒放走了。

這隻鳥兒飛起後落在一棵大樹上，牠衝著獵人喊道：「你知道我爲什麼這麼聰明嗎？因爲我的嘴裏有一顆價值連城的珍珠。」獵人聽完後，狠狠捶著自己的腦袋，後悔不已。

他想再次捕獲這隻鳥，於是就往樹上爬。但是那棵樹實在太高了，爬到一半，他就不小心掉了下來，摔斷了雙腿。

鳥兒嘲笑地向他喊道：「我剛才給你的忠告你全忘了嗎？你既然把我放了，就不該後悔；你也根本不應該相信，像我這樣一隻小鳥的嘴裏會有一顆很大的珍珠；你不甘心，又要爬上樹來抓我，難道你忘記了我的第三條忠告嗎？」

鳥兒撲打著翅膀，說完就飛走了。

寧願相信一隻鳥的話，卻因此失去自己的判斷；已經犯了一個錯誤，還要接著犯第二個錯誤；力不從心卻要去做超出能力之外的事情——世上還有比這更愚蠢的人嗎？

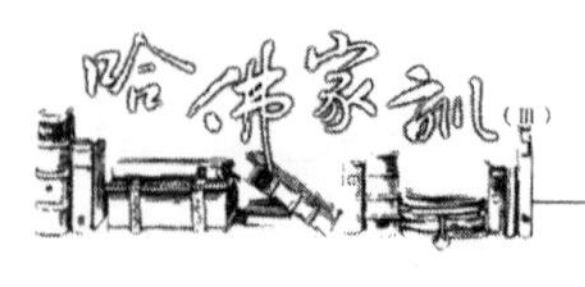

大衛的失誤

大衛和約翰是一對要好的朋友，他們一同外出旅行。到達目的地後，約翰在酒店裏看書，大衛到街上閒逛。

在一個拐角的地方，大衛看見一個舊貨商店，他一進去就被一隻玩具貓吸引了。大衛隨手拿起玩具貓，發現貓身很重，似乎是用黑鐵鑄成。然而，就在他準備把玩具貓放回去的時候，發現那一對貓眼竟然是兩顆珍珠！

他爲自己的發現欣喜若狂，趕緊問老闆這隻玩具貓的價錢。老闆說，這是一件寄賣品，三十美元便可以成交。

大衛想了一想說：「那麼我出十美元買走這兩隻貓眼可以嗎？」老闆在心裏合計了一下說：「如果你買走貓眼，貓身就沒人要了。如果你肯出二十美元的話，我還可以考慮。」

大衛回到旅店，興奮地對約翰說：「我僅僅花了二十美元就買下了兩顆珍珠，眞是意外收穫！」

約翰發現兩隻貓眼的確是罕見的大珍珠，便詢問了事情的經過。聽完大衛的講述，約翰立即放下手中的書，跑到街上找到那個商店，要買那隻玩具貓。老闆說：「貓眼已經被別人買去了，如果你要買，就給十美元吧。」

約翰花了十美元將貓身買了回來。大衛聽說後大惑不解：「你爲什麼花十美元去買一塊廢鐵呀？」約翰並不在意，他向服務員借來一把小刀，刮開貓的一隻腳。黑漆脫落之後，居然露出亮燦燦的黃色。他興奮不已地大喊道：「果然不出所料，這個玩具貓身是純金鑄成的！」

大衛後悔不已，他問約翰是如何知道這個秘密的。約翰笑道：「你雖然能發現貓眼是珍珠的，但你沒有想到，既然貓眼是由珍珠做成，那麼貓身會是普通黑鐵嗎？世界上哪裏有這樣的搭配？」

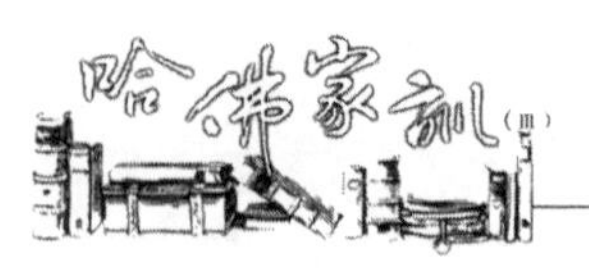

世界是充滿邏輯聯繫的，幾乎沒有超乎邏輯的例外。所以，當我們遇到一件事情的時候，首先應當想一想：它們符合邏輯嗎？

人有時會被利益蒙蔽心靈，邏輯會被欲望所替代，於是，我們就失去了本有的智慧。

雙面神石雕

一位哲學家途經一座古城廢墟，歲月已經讓它顯得滿目滄桑，但仔細看卻依然能感覺到昔日的輝煌風采。

哲學家想在此休息一下，就隨手搬過一個石雕坐下來。

他點燃一支煙，望著被歷史淘汰下來的城垣，想像著曾經發生過的故事，不由得感歎了一聲。

忽然，他聽到有人說話：「先生，你感歎什麼呀？」

他四下裏望了望，卻沒有人，他疑惑起來。那聲音又響起來，原來聲音來自那個石雕。

那是一尊「雙面神」雕像。哲學家奇怪地問：「你爲什麼會有兩副面孔呢？」雙面神說：「有了兩副面孔，我才能一面察看過去，一面瞻望未來。」

哲學家說：「過去再也無法留住，而未來又是你無法得到的。你不把現在放在眼裏，即使你能對過去瞭若指掌，對未來洞察先知，又有什麼實在意義呢？」

雙面神聽了哲學家的話，不由得痛哭了起來，他說：「先生啊，聽了你的話，我才明白落得如此下場的根源。」

哲學家大惑不解，雙面神接著說：「很久以前，我駐守這座城池。我自詡能一面察看過去，一面又能瞻望未來，所以從來不關注現在的一切。結果，由於城邦的治理荒廢了，最後被敵人攻陷，美麗的輝煌都成了過眼雲煙，我也被人們遺忘於廢墟之中。」

美好的現在，可以沉澱美好的過去，可以生長美好的未來。

人永遠生活在現在，活在現在卻逃避現在，生命到哪裏安身？

幾個經典的小測試

有個失戀的女孩，在公園裏因痛苦而哭泣。

一個哲學家笑道：「你不過是損失了一個不愛你的人，而他損失的是一個愛他的人，他的損失比你大。你哭什麼?該哭的人應該是他呀!」

就讓我們來玩玩簡單的逆向思考遊戲吧。人生的喜怒哀樂可以因角度的不同而有所不同，看似複雜的事情，換個角度會完全改變。下面就是幾個類似的小測試——

◎如果你家附近有一個餐廳，東西又貴又難吃，桌上還爬著蟑螂，你會因爲它很方便，就一而再再而三地光臨嗎?

你一定會說，這是什麼爛問題，誰那麼笨，花錢買罪啊?可同樣的情況換個場合，說不定就另當別論了。

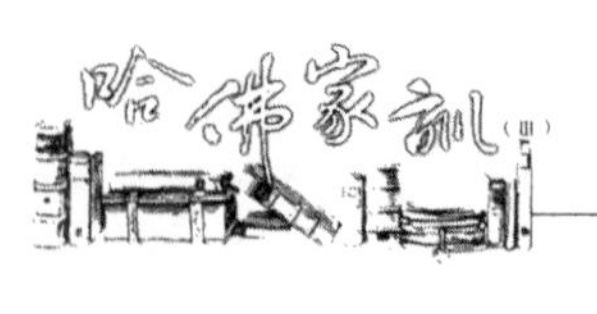

不少人明知道他正在交往的朋友品性不端，明知道和他在一起沒什麼好結局，但是卻「不知道爲什麼」還要和他攪在一起，這不是和光臨那種餐廳一樣嗎？

◎如果你不小心丟了一百塊錢，你知道它好像丟在某個你走過的地方，你會花二百塊錢的車費去把那一百塊錢找回來嗎？

你一定會說，這又是一個超級蠢問題。

可是，相似的事情卻在人生中不斷發生。做錯了一件事，明知自己有問題，卻死也不肯認錯，反而花加倍的時間來找藉口；說了一句不恰當的話，別人已經忘記，自己卻長久地爲此懊悔；有人無意傷害了自己，爲了報復，不惜處心積慮，結果給自己換來更大的傷害。

◎如果有人對你說：「你還很年輕，所以即使最想做的事，也可以無限延期，以待將來。」

你一定會說：「不，誰說要這樣？絕不可以！」

然而現實中我們卻常說：等我老了，就去環遊世界；等我退休，我就去學繪畫，因爲當畫家是我的理想；等孩子長大了，我就經常去健身……我們誤以

爲自己有無限的時間與體力等待將來，其實不然。如果現在就能一步一步向前走，我們就不會活了半生，還看不見夢想的背影。

◎假期來臨了，你會因爲鄰居沒有出門，自己也取消外出旅遊的計畫嗎？你又會發火：胡說八道！這是個什麼問題？當然不會！

然而，有不少人卻經常說：那麼多人都沒去做，我也不要去做；那麼多人都失敗了，我也肯定要失敗；古往今來都沒人這樣想，我也不該胡思亂想……因此，很多人一輩子就因爲別人而什麼事都不敢做。

◎你手握著高壓水龍頭，卻不向火海噴水，因爲你擔心不能將火撲滅。恐怕每個人都會說：你以爲我是這樣的白癡嗎？噴一下總比不噴好吧？

然而，我們卻常常在不該打退堂鼓時打了退堂鼓，因爲恐懼失敗而不敢嘗試成功。很多人在根本還不知道鹿死誰手的時候，就乾脆放棄。我們應該記住這樣一句名言：不要等到獵物消失的時候，才後悔自己沒有放上一槍。

很多人懂得小道理，卻不懂大道理；能分清小是非，卻分不清大是非。我們並不缺乏智慧，我們缺乏的是怎樣運用智慧。

阿爾蒙的請求

古時候，伊拉克有位國王叫阿爾蒙，他有一匹千里馬。一個叫奧瑪的商人看到他的馬羨慕不已，想用十個金幣交換，但阿爾蒙沒有同意。奧瑪惱羞成怒，決定用詭計把千里馬騙來。

阿爾蒙喜歡每天獨自出城遛馬，奧瑪便選了一個離城門很遠的地方，裝成病重的流浪漢躺在路旁。善良的阿爾蒙趕緊把他扶上千里馬，打算帶他進城治病。奧瑪裝作有氣無力地指了指地上的包袱，阿爾蒙就把他的包袱拾起來；奧瑪又指了指遠處的一根木棍，阿爾蒙連忙又轉身去撿那根木棍。奧瑪趁機奪過轠繩，縱馬逃走。

阿爾蒙跟在馬後面追了很久，終於跑不動了。奧瑪知道詭計得逞，便勒住馬頭得意洋洋地對阿爾蒙說：「你丟了千里馬，卻連一個銅子兒也沒得到，你

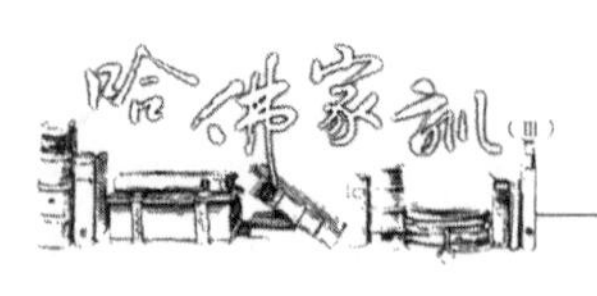

還有什麼要說的？」

「馬可以歸你，但我有一個要求，」阿爾蒙大聲說，「請你不要告訴別人你騙走千里馬的方法。」奧瑪聽了哈哈大笑地說：「原來國王也怕別人嘲笑呀！」

「不！」阿爾蒙喘著粗氣回答說，「我是擔心人們聽說這個故事後，會懷疑所有昏倒在路邊的人都是騙子。說不定哪一天，你和我也會染疾倒臥路邊，那時，誰會來幫助我們呢？」

奧瑪愣了一下，調轉馬頭跪到阿爾蒙腳邊，請求他寬恕自己。阿爾蒙扶起奧瑪，請他一起回到王宮，兩人從此結下了深厚的友誼。奧瑪後來成了伊拉克歷史上最受愛戴的大法官。

欺騙別人的善良是最大的罪惡，成全別人的善良是最大的善良。

善有時會激發罪惡，當善缺乏力量的時候；善大多數時候能征服罪惡，假如善能輔之以勇氣和智慧。

聽的藝術

有兩個小故事，講的都是國王的事情。

第一個故事說，曾經有個小國使者給波斯王進貢，他的禮品是三個外形一模一樣的金人。波斯王很高興，盛情款待了他。席間，使者給波斯王出了一道題目：請分辨這三個金人哪個最有價值？

波斯王想了許多辦法尋求答案，可是，無論稱重量、看工藝、比成色似乎都難分伯仲。國王著急了，怎麼辦？使者還等著回去稟報，如果被這樣一個問題難住了，自己還有何顏面？

這時候，一位老臣站了出來，他說他有辦法。

波斯王將使者請到大殿，只見老臣胸有成竹地拿出三根稻草，來到三個金人跟前。他將三根稻草分別插入三個金人的耳朵，結果，稻草送進第一個金人

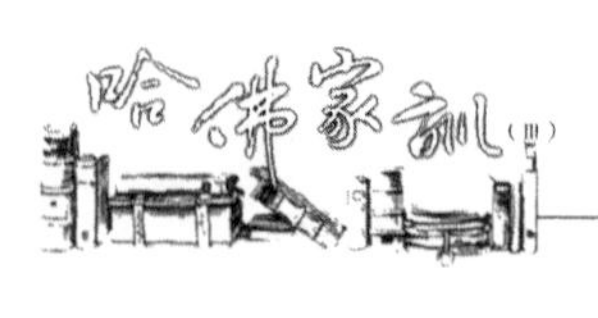

耳朵，又從另一邊耳朵出來了，稻草從第二個金人的一隻耳朵插進去，則從嘴巴裏掉了出來，而第三個金人的稻草卻掉進了肚子。

老臣回過身向國王和使者鞠了一躬，說：「第三個金人最值錢！」使者默然點頭，答案正確。

第二個故事說的是以色列的所羅門王，他是一位智慧的國王，他的鄰國皇后為答謝他長久以來的保護，帶著貴重的禮物前來拜見他。

皇后貢獻的禮物很多，包括珍稀的動物、罕見的寶石、美味的食物……最後，皇后獻上兩個玻璃製作的花瓶，裏面裝著五彩繽紛的漂亮花瓣。她對所羅門王說：「偉大的國王！這兩瓶花中，有一瓶是眞花，有一瓶是假的。請用您的智慧來分辨，哪一隻瓶內藏的是眞花？」

這個難題似乎將所羅門王給難倒了，因為兩個瓶裏的花看起來都鮮豔奪目。就在這個時候，所羅門王聽見花園裏傳來細微的嗡嗡聲，於是他叫人把窗戶打開。

過了不久，一隻蜜蜂從窗外飛進屋，鑽進其中一個花瓶。所羅門王面露微笑地看著皇后，然後大家都開心地大笑起來。那隻蜜蜂已經解答了這個難題。

生活，其實就是一門聽的藝術。把聽到的放在心裏才能變成思想，把聽到的轉化為智慧，才能明辨真偽。

只要我們不封閉自己，難題都算不上難題。必要的時候，只需打開一扇窗，問題就可以迎刃而解。

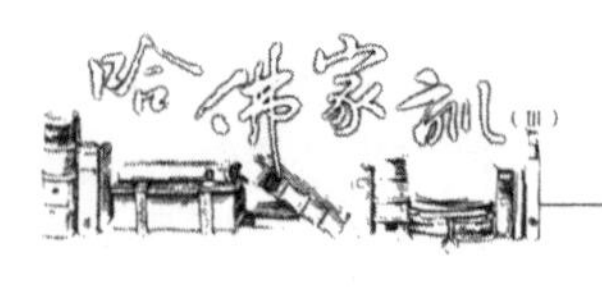

美國鐵路的寬度

在閱讀統計數字時，羅傑發現，美國境內的鐵軌寬度統一爲四英尺八．五英寸。是什麼人確定四英尺八．五英寸這個莫名其妙的數值作爲鐵軌的寬度呢？

在花了一些時間之後，羅傑得到了一些有趣的發現。

美國鐵路的第一批建設者，就是那些修建市內有軌電車的人，那麼，以有軌電車的軌道寬度作爲火車鐵軌的寬度，也就是順理成章的事了，更何況有軌電車已經使用了幾十年，事實證明，它工作得很好。

但是歸根到底，又是什麼原因導致有軌電車的鐵軌寬度採取這個特定數值的呢？在市內有軌電車建設的早期，許多製造公司是從馬車生產商轉產而來的。這些公司帶來了他們生產馬車的技術、經驗和尺寸。

但是，馬車的寬度又是從哪裏來的呢？美國馬車的祖籍是英國，英國的國家標準規定，馬車的輪距是四英尺八．五英寸，任何不符合這個規定的馬車，都無法在道路上存在下去。

那就是說：這個輪距的寬度是與馬路的寬度相關的。那麼，是誰修建了歐洲最早的公路？史書證明，是羅馬人建立了歐洲最早的公路系統，除了用於通商，還幫助他們在龐大帝國的內部快速地運送軍隊。

這些公路最初通行的車輛是羅馬戰車。這樣，其他使用這些公路的車輛，就必須遵守軍隊規定的寬度，否則他們的車軸就會被折斷。

羅馬帝國統一度量衡的時候，羅馬軍隊的指揮官就把馬路的寬度規定爲四英尺八．五英寸，因爲羅馬戰車的輪距恰恰是這個寬度。因爲這個寬度剛好適合兩匹馬並排拉車，也就是說，這個寬度最初取決於兩匹馬屁股的寬度。

這個寬度最終還決定了美國太空梭火箭助推器的直徑。

製造火箭助推器的公司名叫Thiokol，座落於猶他州，最初，這家公司把火箭助推器設計得比後來的要大一些，但是卻遇到了一個小小的問題。要把助推器運到佛羅里達州的火箭發射場地必須用火車，而火車要翻山越嶺穿山洞。火

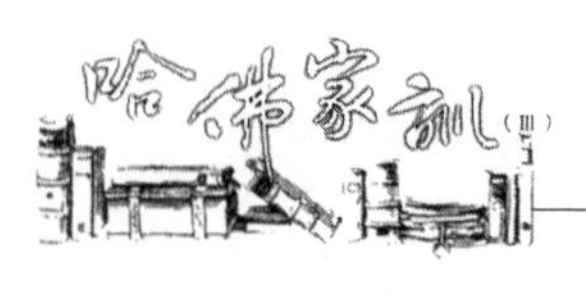

車隧道只比四英尺八．五英寸寬一點點，也就是說，如果按照最初的設計，火箭助推器會卡在山洞裏。因此，Thiokol公司的設計師重新考慮了火箭助推器的外形尺寸，使它能夠順利通過鐵軌只有四英尺八．五英寸寬的火車隧道。

於是，馬屁股的寬度不僅改變了人類交通工具的規格，還改變了人類尖端的火箭推進系統的設計。

規則可以使我們獲得秩序，同時也會使我們失去創造力。當規則被我們神聖化以後，人便成為它的奴隸。

不要以為一切規劃都是理所當然，學會拷問規則，敢於打破常規，這樣的人才能有所作為。

要記住，在這個世界上，人才是唯一合理的規則！

烏龜的智慧

從前有一隻烏龜，想要獨佔全世界的智慧，做世界上最聰明的動物。牠想讓所有人，無論遇到什麼問題，都不得不向牠請教。

於是，牠開始長途跋涉，到世界各地搜集智慧。牠把搜集到的所有智慧，都裝在一個葫蘆裏，然後準備把葫蘆藏到一棵誰也爬不上去的大樹頂上。

牠來到那棵選中的大樹下，把葫蘆繫在自己的脖子上，然後開始爬樹。牠努力地往上爬，卻怎麼也爬不上去——葫蘆吊在牠的肚子上，總是妨礙著牠的行動。幾經努力，最後都以失敗告終。

這時候，牠聽見有人在背後發笑，回頭一看，發現有一個獵人正在瞧著它。

烏龜很不高興地看著獵人，牠說：「你爲什麼這樣奇怪地看著我？難道你

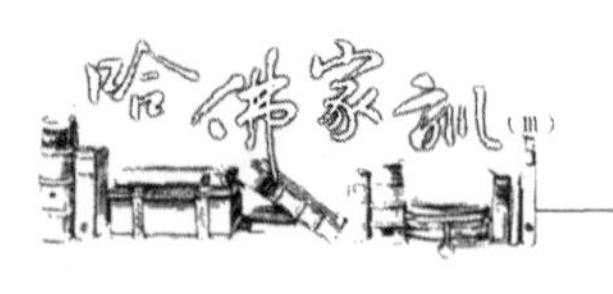

不知道我是世界上最聰明的智者嗎？」

「朋友，」那位獵人說，「要是你想爬到樹頂上去，爲什麼不把那個葫蘆掛在背後呢？」

聽了獵人的話，烏龜這才知道自己爲什麼老是上不了樹。它非常慚愧，原來牠以爲世界上的智慧全都被牠裝進了葫蘆裏了，現在才發現，獵人那裏還有一個智慧呢！

千萬不要以為，自己是最聰明的人；千萬不要以為，自己可以成為最聰明的人。

有時候，一個普通的獵人都比你聰明；有時候，一個小葫蘆都能把你徹底難倒。

法庭上的辯駁

在委內瑞拉西部的一個小鎮上，一個人喝醉了酒之後到處發瘋，於是被扭送到法庭。

他預感到法官要懲罰他，就說：「首先我想向法官提幾個問題。」

「你問吧。」法官說。

「我如果吃了沙棗，這有什麼不好嗎？」

「沒有什麼不好。」法官回答。

「如果我再喝些水，這會有罪嗎？」

「當然沒有罪。」

「然後我躺在地上曬一會兒太陽，這是不是犯法？」

「不是。」法官說。

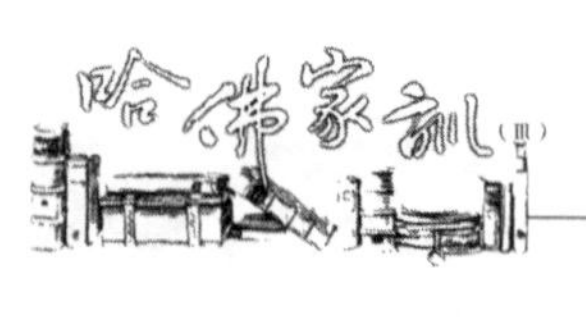

「那為什麼我喝了一點用棗加上水釀成的東西，然後在大街上曬會兒太陽，你們就說我有罪呢？」那個人質問法官。

法官想了想，沒有直接回答他的質問，而是反問道：「先生，現在我想向你提幾個問題，請你也認眞回答我。」

「你隨便問吧。」那個人傲慢地答道。

法官說：「如果我向你潑一點水，這會使你受傷嗎？」

「不會！」那人回答。

「如果我往你頭上再倒點黏土，你會殘廢嗎？」

「當然不會！」

「那麼我把這些黏土摻些水做成磚頭，再放在太陽下曬曬，然後用它打擊你的頭，會有什麼後果？」

「當然……當然會打破我的頭……」那人回答。

「那很好，」法官說，「雖然水和黏土都不會對你有害，但用水和黏土做成的磚頭卻會砸破你的頭；同樣，雖然喝點水、吃點沙棗並不違犯法律，但用這種棗和水釀成的酒卻能讓你失去理智，使你鬧事，結果破壞了法律。」

那個人再也沒說出一句話，乖乖地等候法官發落。

以其人之道還治其人之身，往往是最好的禦敵策略。

生活中，1＋1通常不再等於2，而是大於2，或者小於2。

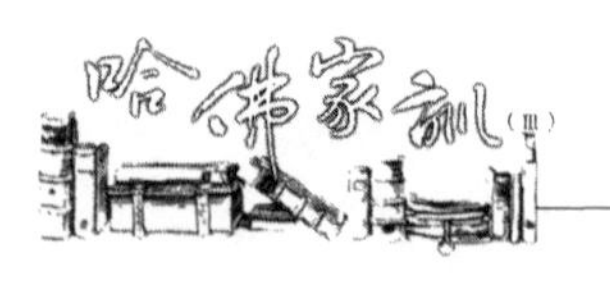

海馬的焦慮

小海馬有一天做了一個夢，夢見自己擁有了七座金山。

從美夢中醒來，小海馬覺得這個夢是一個神秘的啓示：牠現在全部的財富是七個金幣，它希望有一天，這七個金幣會變成七座金山。

於是牠毅然決然地離開了自己的家，帶著僅有的七個金幣，去尋找夢中的七座金山，雖然牠並不知道七座金山到底在哪裏。

海馬是豎著身子游動的，游得很緩慢。牠在大海裏艱難地游著，心裏一直在想：也許那七座金山會突然出現在我的眼前。

然而金山並沒有出現，出現在眼前的是一條鰻魚。鰻魚問：「海馬兄弟，看你匆匆忙忙的，要幹什麼去?」海馬驕傲地說：「我去尋找屬於我自己的七座金山。只是，我游得太慢了，我想快點兒找到它。」

「那你眞是太幸運了。對於如何提高你的速度，我恰好有一個解決方案，」鰻魚說，「只要你給我四個金幣，我就給你一個鰭，有了這個鰭，你游起來就會快得多。」海馬戴上了用四個金幣換來的鰭，發現自己游動的速度果然提高了一倍。海馬歡快地游著，心裏想，也許金山馬上就出現在眼前了。

然而金山並沒有出現，出現在海馬眼前的是一個水母。水母問：「小海馬，看你急匆匆的樣子，你想要到哪裏去？」海馬驕傲地說：「我去尋找屬於我自己的七座金山。只是，我游得太慢了。」

「那你眞是太幸運了。對於如何提高你的速度，我有一個非常好的辦法，」水母說，「你看，這是一個噴氣式快速滑行艇，你只要給我三個金幣，我就把它給你。它可以在大海上飛快地行駛，你想到哪裏就能到哪裏。」海馬用剩下的三個金幣買下這個小艇。牠發現，這個神奇的小艇使牠的速度一下子提高了五倍。牠想，用不了多久，金山就會馬上出現在眼前了。

然而金山還是沒有出現，出現在海馬眼前的是一條大鯊魚。大鯊魚對牠說：「你太幸運了。對於如何提高你的速度，我恰好有一套最完美的設想。我本身就是一條在大海裏飛快行駛的大船，你要搭乘我這艘大船，你就會節省大量的時間。」大鯊魚說完，就張開了大嘴。

「那太好了。謝謝你，鯊魚先生！」小海馬一邊說一邊鑽進了鯊魚的口裏，向鯊魚的腹腔深處歡快地游去……

珍惜你所擁有的，你有的就是最好的。貪婪只會使自己喪失一切。

北風和太陽

一天，北風和太陽爭論起來了，它們都認爲自己的能量大。

太陽說：「萬物生長都需要我，我是宇宙的中心，我的能量無人能敵！」

北風也不甘示弱，反駁道：「我所到之處摧枯拉朽，聲勢浩大，人們見到我都避之不及。」

北風與太陽爭論不休。最後，它們看見下面的道路上有一個行人，於是便打賭，看誰能讓行人脫下他的衣服。

北風憋足了氣，猛烈地吹向行人，樹木都被吹得左右搖擺，路上灰塵滿天。那個行人趕忙扣緊衣服，急速地奔跑起來。

見此情景，北風認爲自己還沒有使出全部的力量，於是，它颳得更猛了。行人冷得瑟瑟發抖，把衣服裹得更緊。北風使出渾身力量，行人不但沒有脫掉衣服，反而戴上了皮帽子。

北風疲倦了，太陽微笑著說：「你這樣是不行的，還是讓我來吧！」說完，它把溫和的陽光灑向大地，剛才還裹緊衣服的行人，這時慢慢鬆開了衣扣，然後取下了遮風的皮帽。

陽光越來越暖和，行人漸漸覺得熱了，最後變得汗流浹背。他想：這麼溫和的天氣，如果把衣服脫了，就不會熱得難受，走起路來也會輕鬆許多。這樣想著，他索性脫下了衣服。

太陽終於贏了，但北風卻不知道自己爲什麼會輸。

一顆溫暖的心比一雙暴力的手更容易讓人折服。

如果方法錯了，我們越努力，失敗就來得越快。

哈佛家訓／威廉・貝納德著. -- 一版. -- 臺北市：大地，2007〔民96〕
面： 公分. –（大地叢書：16）
ISBN 978-986-7480-77-4（第三冊：平裝）
1. 家訓
193 96012804

哈佛家訓 3

大地叢書 016

作　　者	威廉・貝納德
譯　　者	張　玉
創 辦 人	姚宜瑛
發 行 人	吳錫清
主　　編	陳玟玟
出 版 者	大地出版社
社　　址	114台北市內湖區瑞光路358巷38弄36號4樓之2
劃撥帳號	50031946（戶名　大地出版社有限公司）
電　　話	02-26277749
傳　　眞	02-26270895
E-mail	vastplai@ms45.hinet.net
網　　址	www.vasplain.com.tw
美術設計	普林特斯資訊股份有限公司
印 刷 者	普林特斯資訊股份有限公司
一版一刷	2007年8月

大地

定　　價：200元